xiaohuanjing dazhihui

小环境大智慧

——《3~6岁儿童学习与发展指南》引领下的幼儿园环境创设

主编：冯振艳　张玲　张世红

内蒙古出版集团
内蒙古科学技术出版社

图书在版编目(CIP)数据

小环境　大智慧/冯振艳，张玲，张世红主编. —
赤峰：内蒙古科学技术出版社，2015. 7（2020.2重印）
ISBN 978-7-5380-2543-9

Ⅰ. ①小…　Ⅱ. ①冯…　②张…　③张…　Ⅲ. ①学前教育—教学参考资料　Ⅳ. ①G613

中国版本图书馆CIP数据核字（2015）第141641号

出版发行：内蒙古出版集团　内蒙古科学技术出版社
地　　址：赤峰市红山区哈达街南一段4号
邮　　编：024000
邮购电话：（0476）5888903
网　　址：www.nm-kj.cn
责任编辑：许占武
封面设计：李树奎
印　　刷：天津兴湘印务有限公司
字　　数：220千
开　　本：787×1092　1/16
印　　张：11
版　　次：2015年7月第1版
印　　次：2020年2月第2次印刷
定　　价：89.00元

尤
卫
吴
曹
许
蒋
严
吕
沈
韩
张
杨
朱
魏

目 录

第六章　继承发扬　让节日环境与幼儿对话

第七章　因地制宜　合理利用户外活动环境

卷首语

《小环境　大智慧》一书，从最初的构思酝酿到付梓出版，历时近一年的时间，凝结了赤峰市六一幼儿园全园教师的心血和智慧。该书紧密结合学前教育特点和幼儿身心发展规律，对环境育人这一课题，从理论和实践层面进行了探索和完善。

关于环境育人这一课题，学术界早有涉猎，研究成果十分丰富。但是，在具体的教育教学情境中，对环境教育资源仍缺乏深度的挖掘，环境的育人功能仍发挥不足。特别是在学前启蒙教育这一重要的阶段，促进幼儿健康和谐发展，显性的教育活动很重要，但是，更容易被幼儿接受的则是其所处的环境，以及幼儿在特定环境下形成的思维和实践方式。这是因为，环境教育是一种“浸染式”教育，对幼儿产生潜移默化的影响。因此，充分发挥环境的育人功能，应该也必须成为发展学前教育的重要途径和手段。

正是出于这样的思考，我们构思编写了《小环境　大智慧》一书，从挖掘和拓展有益的环境教育资源、为幼儿创设适宜的生活和学习环境入手，多角度多领域解析并展现环境育人功能，打造学前教育的环境载体，推动建立环境育人的有效机制。书中在深入解读“如何因地制宜为幼儿创设环境、如何优化整合多种环境教育资源”等问题的同时，集中展示了六一幼儿园创设物质环境和精神环境的实践过程，列举了幼儿园教师关于环境创设的感悟、体会、案例等，为本书提供了充足的事实依据和科学论证。整本书的撰写，体现了重反思、重细节，重操作、重实践，重过程、重发展的思维逻辑，深度展示了创作团队的教育思考，融汇了研编人员的实践智慧，对于推动地区学前教育发展，具有积极的指导和借鉴意义。

作为该书编研团队的一员，我有幸见证并全程参与到该书的研编过程中，从基础素材的搜集整理到整体脉络的设计构思，从章节段落的结构搭建到文章词句的精雕细琢，整个编研团队成员，一丝不苟、尽心尽力、尽职尽责，保证了本书的如期出版。市教育局的领导同志也对本书给予了大力的支持和关注，多次就书的编研工作作出指示。河北省唐山市第一幼儿园幺丹彦园长也为修改本书提出了宝贵意见，在此一并表示衷心的感谢！由于时间仓促、水平有限，本书可能还存在诸多不足，恳请大家批评指正。

冯振艳

2015年6月

创想空间

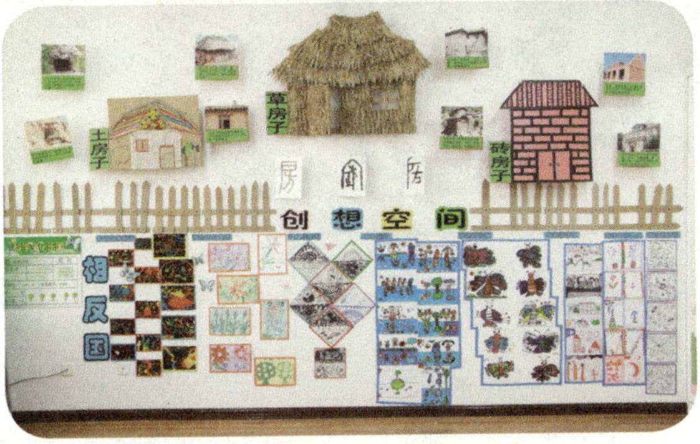
草房子
土房子
砖房子
创想空间
相反国

唱 跳 跳

我的私密空间

阅读吧

2014
科技放映厅

秋
趣

大班幼儿毕业季
成长的足迹

童心至纯

童趣至真

孩子的快乐是我们永恒的追求

第一章

统筹规划
美化公共空间环境

《幼儿园教育指导纲要》指出："幼儿园应为幼儿提供健康、丰富的生活和活动环境，满足他们多方面的需求，使他们在快乐的童年生活中获得有益于身心发展的经验。"丰富的环境是幼儿健康成长的重要因素，在环境创设中，我们追求其内在的教育价值，将办园理念、课程内容和社会文化内涵融入幼儿园环境中。幼儿园的厅廊环境及公共活动大环境是幼儿园环境的重要组成部分，设计上我们尤为重视人文性、整体性，凸显教育性、艺术性。

一、具有人文性、教育性及审美价值的环境潜移默化地促进幼儿身心健康的和谐发展

幼儿在丰富多彩的环境中潜移默化地受到感染和熏陶，体验

知识性、创造性的有机融入，感悟其中蕴涵的传统文化，感受环境之美。

幼儿从走进园门的第一步就开始欣赏美、感受美。门厅的设计应时应节，美轮美奂，四季的轮转、开学季、毕业季、国庆节、科技节、迎新年等主题设计、幼儿作品展示，无不体现了“以幼儿发展为本”的办园理念。具有中国传统特色的十二生肖大红屏风墙，将十二生肖的形象立体呈现；清新雅致的幸福树，既象征着幼儿园教书育人的责任使命，又象征和谐、平安、幸福；淡绿色蛙眼造型的嵌入式鱼缸设计，将童趣化与整

体性、美观性有机契合，让人感受到无比的亲切和自然；具有国学元素的百家姓、名人书画及格言警句，具有中国传统特色的民族风情画、花鸟画及剪纸艺术等。这样的环境创设是对幼儿进行中华文化启蒙的重要途径和手段，不仅彰显了幼儿园教育的独特风格，同时拓宽了幼儿眼界，使幼儿在潜移默化中感受中华文化的博大精深，凸显文化立园的办园特色。二楼多功能室中，屋顶“三叶托珠”的设计寓意深刻，三片叶子意为幼儿成长所需的三大环境，即家庭、幼儿园、社会，树叶上晶莹剔透的露珠代表的是需要我们精心呵护的天真无邪的孩子，露珠可通解为明珠，体现“您的孩子，我们的宝贝”的服务宗旨，希望幼儿在这三片叶子的保护下健康快乐成长。

二、通过主题引导，创设具有整体性、连续性和参与性的环境，突显创作的主题性与内涵性

主题墙饰的创设与幼儿园开展的主题活动密不可分，墙饰是为主题服务的，而主题必须依靠环境才能更深入、具体地展开。主题墙饰的创设，不是一朝一夕的工作，它始终贯穿于整个主题活动中，是教师和孩子们集体智慧的结晶。为此，我园依据教学目标，每一主题都有幼儿参与互动的墙饰、活动区角，充分利用特定的空间和四周墙壁展示与主题相关的资料、照片或幼儿的美术手工作品。家长、幼儿和老师收集来的材料经过教师和幼儿的巧手装扮后，变成了一幅幅美丽的图画和一个个鲜活的作品。主题墙饰成为主题活动过程的记录和真实再现。

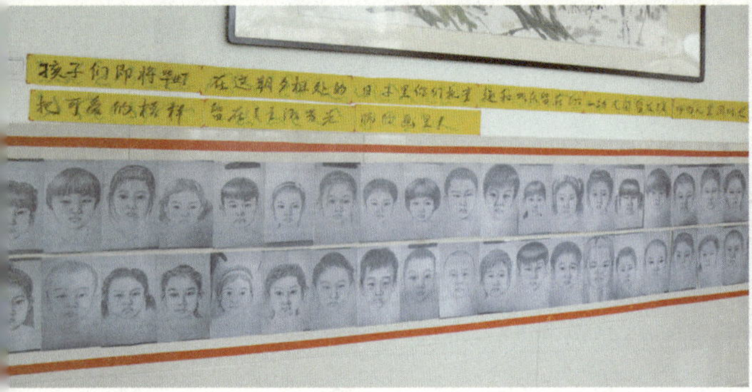

三、培养幼儿阅读的习惯，创设书香校园

围绕“让阅读成为一种习惯”，让幼儿体验到阅读的乐趣。我们把幼儿喜欢的绘本故事展示在阅读墙上，《爱是一捧浓浓的蜂蜜》、《猜猜我有多爱你》、《每一个孩子都是一条快乐的鱼》等等。此外，还创设了“宝宝书吧”，投放了大量图书。

通过读书活动，培养了幼儿喜欢读书、热爱读书的好习惯，同时营造良好的阅读环境，使幼儿在认知、情感和社会性等方面都得到发展。

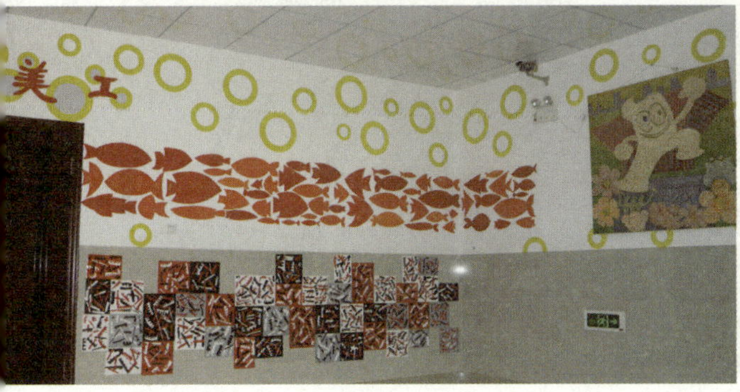

精彩瞬间回顾

四、对于狭小空间的立体化装饰

环境创设过程中，我们努力从大处着眼，从小处着手，小空间也做大文章。比如在楼梯间创设了温馨的“私密空间”，幼儿在这里可以做喜欢的事，也可以什么都不做，静静地想自己的事情，这里成了幼儿情有独钟的好去处。还在楼梯扶手上从一楼到三楼纵向拉了多条纤维绳，悬挂幼儿的手工作品，进行立体化装饰：有荷叶、小蝌蚪和青蛙；有用奶粉桶或薯片桶刷上白色颜料后装饰的青花瓷；还有幼儿用纸杯、纸盘等制作的造型各异的作品。

以航天发展为主题的环境创设，让幼儿感受到航天事业的迅猛发展和辉煌成就；以幸福成长为主题的照片墙，让幼儿感

受到幼儿园生活的快乐；以各种节日为主题的设计，让幼儿切身感受到浓厚的节日氛围。

苏霍姆林斯基指出：“孩子在他周围、在学校走廊的墙壁上、在教室里、在活动室里经常看到的一切，对他精神面貌的形成有重大意义。这里的任何东西，都不应是随便安排的，孩子周围的环境对他应有所诱导，有所启示。” 愿幼儿园真正成为适宜幼儿生活、学习、成长的温馨家园、快乐学园、幸福乐园。

第二章 巧妙构思 创设适宜的生活功能环境

幼儿园生活功能环境包括：洗手、进餐、漱口、午睡、如厕、穿脱衣服、叠衣服、穿鞋等。在《3~6岁儿童学习与发展指南》中明确提到，“要让幼儿具有良好的生活与卫生习惯，具有基本的生活自理能力”我们只有抓住每个环节的教育功能，突出幼儿个体差异，创设适宜的教育氛围，实施符合幼儿接受的方法，才可以落实这些目标。

一、突出生活功能环境创设的具体性

突出生活功能环境创设的具体性首先表现在满足幼儿生存的最基本、最强烈的生理需求，这是对幼儿生理需求的尊重。其次表现在每个生活环节的基本要素和内容有着不可替代的教育功能。比如，洗手的教育功能不能替代如厕的功能，睡觉的功能不能替代吃饭的功能等。尊重幼儿生理需求，抓住环节功能是我们工作的前提和保障。

在生活功能环境创设中，依据具体性的要求，我们设置了醒目的标识。如，幼儿进餐的座位、餐具摆放的位置和桌子都有固定标识，方便幼儿找到自己在哪桌哪个位置，使进餐环节安静有序；喝水时站位标识，洗手排队标识，让幼儿学会有序、不拥挤；水杯、床、毛巾、椅子的独有标识，避免了幼儿间的争抢。标识不但有引导幼儿的作用，还让幼儿熟悉和亲近了环境，不再陌生、惧怕。充分保证每一名幼儿的基本需求，这对小班幼儿尤为重要。当幼儿有了认同感、归属感，一日生活才变得井然有序，生机盎然。

墙面环境以隐形的方式引导着幼儿，让幼儿有需要时，即使老师不在身边，也知道怎么做，墙饰成了幼儿在园生活最佳帮手。如，洗手时有七步洗手法流程图，让幼儿学会了按步骤洗手；喝水时有接水排队的脚丫，向幼儿暗示着排队，学会做事有序，养成规则意识。为了引导幼儿注重关心自己健康，让他们学会主动观察大便形状，我们创设了“臭臭的形状”墙饰，让幼儿从直观对比中就可以判别自己大便是否正常；在冲水按钮上贴上笑脸，引起幼儿的兴趣和关注，学会用点赞的方式及时冲水。通过这些简单有效的创意，使幼儿生活技能的学习和习惯的养成变得生动有趣。

结合幼儿需要和不同年龄段幼儿的特点，从生活功能环境具体性出发，不断对各环节内容进行细化和延伸。让幼儿从环境的动态变化中汲取丰富的经验和学习各项技能，不断提高幼儿的自我服务意识。这充分体现对幼儿的尊重和关心，对幼儿生活卫生习惯、生活自理能力的发展起到了助推作用。

二、突出生活功能环境创设的真实性

幼儿园一日生活环节都是真实的生活场景，幼儿在这里的一切活动都是真实的，为体现出幼儿的所思、所想、所学、所做，教师就要在生活功能环境创设中围绕着幼儿的真实需要来创设。如睡觉环境用星星、月亮、熟睡并打着呼噜的大花猫装点环境，伴随催眠的乐曲让幼儿感受到睡觉的氛围；起床穿鞋时，小班幼儿不会分辨左右，总将鞋穿反，老师就在卧室穿鞋区里粘上几个脚印，让幼儿先把鞋子摆好，然后再对应穿上。粘脚印的装饰时刻提醒、帮助着幼儿，在真实的情境中，学习技能，满足需要，寓教于游戏中。进餐时，在不断地操作练习餐具的摆放位置和勺子的使用，增强了手眼协调能力。让幼儿学会细嚼慢咽，一口饭一口菜地吃，养成良好的进餐习惯。从餐点的洗削、分割到餐后的桌面、地面的清理，真实的情境、轻松地融入给幼儿带来参与的快感，避免了机械训练的枯燥，达到生活环节应有的教育功能和目的。

干净整洁的环境，摆放有序的物品和做事流程，这些真实的情境帮助幼儿学习了技能，积累了经验，使幼儿在真实情境中学会体验、学会操作、学会尝试，促使幼儿从有问题到想办法，从想办法到尝试解决，从尝试解决到会解决，从会解决到熟练解决，进而在这一过程中初步学会了解决不同问题的技能和方法，养成了良好的学习习惯和面对问题主动探究的意识。

三、突出生活功能环境创设的重复性

重复性是指在幼儿一日生活中，生活环节的不断重复，和教育活动相比占据着大部分时间。吃饭、喝水、洗手一天中要重复多次。为了避免简单重复的枯燥，我们首先注重装饰生活功能环境和营造音乐氛围，用不同音乐作为环节指令，调动幼儿的积极情绪，音乐声响起，幼儿便知道该做什么；同时更多的是依据不同年龄阶段幼儿的特点，结合主题内容和必要的生活技能学习，制作简单、明了、易操作的主题墙饰。本着一日生活皆教育的理念，突出幼儿的应知、应学和应会，如穿衣服的方法有儿歌和直观的图片，叠衣服有实物叠衣服流程；也有形象逼真、重点突出的口令，如关门、抱一抱、低低头、弯弯腰，为幼儿动手尝试，反复练习提供方便。从幼儿的每次饮水量直观提示到被子的叠法和摆放位置图示，让幼儿在玩玩做做中，在不断重复的环节训练中，通过有规律的活动建立神经联系形成动力定型。

生活功能环境如同一位隐形的老师，幼儿在这位教师的指导下，随着生活功能环境目标的不断深入，渐进的学会做力所能及的事，掌握基本生活技能和自理方法，形成良好的生活卫生习惯。在不断重复中学会生存，学会做人。

多喝水长得美

张新宇

春天到了，天气变暖，气候干燥，幼儿易患呼吸道传染病。如果这个时候幼儿的饮水量跟不上就会导致上火、感冒。为了培养幼儿良好的饮水习惯，我们规定了幼儿定时喝水的时间，同时提醒孩子们可以随时喝水。但有的幼儿在喝水时每次只是喝少量的水，为了保证饮水量，往往需要老师亲自监督幼儿杯子里的水量，但总会有百密一疏的时候，因此如何引导幼儿保证充足的饮水量显得尤为重要。

案例一："特别"的水

早晨入园时，陈好妈妈对我说："老师，麻烦你让陈好多喝点水。"晚上离园时，也有些家长一接到孩子，就问孩子今天喝水没有。于是，我开始观察孩子们喝水的情况：有的孩子只要老师不注意，就接很少的水，而且边喝边玩。有的孩子说白开水不好喝没味道，也有的孩子说不渴不想喝。于是在孩子们排队准备喝水的时候，我让孩子们等一等，然后当着他们的面在保温桶里加入了一壶水，我故意很神秘对孩子们说："孩子们，张老师刚刚在水里加进了一点点的果汁，你们快来尝尝是什么味道?看谁的小舌头最灵能够尝出来。"

这下孩子们都主动地去接水，并且很认真地品尝水的味道，连平时不爱喝水的孩子也赶紧去接水喝了，大家都想知道是什么味道的水。

看到他们接的水很少，我又说："水接得太少可是尝不出来的。"

于是他们把杯子接满了，有的甚至接了第二杯。

"你们喝出是什么味道了吗？"我问。

"是加了橙汁吗？好好喝呀！"

"张老师，你是不是加了桃汁？好像有点甜味呢。"

孩子们七嘴八舌地说了起来，我故作神秘地说："欢迎随时来喝一杯，一定能尝出它的味道，明天老师还会加入不同的果汁呢，你们可要来喝哦！"孩子们开心极了，每天都在期待着喝到"特别的水"，我再也不用监督孩子们喝水了。

案例二：巴拉巴拉小魔仙

今天上午，班里有两个孩子流鼻血，弄得衣服上、脸上全是血，孩子们都吓坏了。这件事让我灵机一动，看着自然角里盛开的花朵，我的心中有了主意。

喝水的时间到了，我没有急着让孩子们去喝水，而是告诉他们："今天我们来做个小游戏，现在老师是巴拉巴拉小仙女，我要把小朋友们变成鲜艳的花儿，告诉老师你要做什

么花？”

“我做向日葵”、“我做百合花”、“我做兰花”、“玫瑰”，孩子们争先恐后地回答着。

“现在请你们准备好，变变变,我来找一下谁最美丽?”

孩子们都摆出各种姿势,静静地等待我的评判。我说:“花儿怎么都要干了呀,让我变一些小雨滴滋润一下它们吧。”就这样我请每个孩子都接上水,“花儿们”很快就把水喝完了。这次喝水没有出现以前边喝边玩，偷偷倒水的情况。

案例三：今天你喝了几杯水

早晨，李念的奶奶站在教室门口眉头紧皱地告诉我：“老师，最近李念的小便有些黄，他说在幼儿园没时间喝水。”旁边的孙英赫妈妈和李韵昊奶奶听见了也纷纷应和说：“是呀，老师，我们下午接孩子的时候，孩子总说口渴，是不是孩子在幼儿园里不喝水呀?”听到这些情况，我心里充满了疑惑，我知道每个孩子都喝水了，但喝多少心里真没数啊！怎么才能让老师和家长一目了然地知道孩子在幼儿园里喝多少水呢？于是我在班级里创设了一个喝水记录栏——“今天你喝了几杯水”。专栏中每人都有一个可爱的杯子，孩子每喝一杯水就可以往杯子里插一根吸管（半杯水不可插管）。这种记录形式不仅孩子喜欢，也便于老师和家长了解孩子的饮水量，有利于对孩子的督促和指导。

案例四：小水杯的笑脸

为了让孩子们主动喝足量的水我绞尽脑汁，在保温桶柜子外粘贴了三个表情，分别是接满水的小水杯开心的笑脸，接了一半儿水的小水杯平淡的微笑和杯子里没有水的小水杯伤心的哭脸。

一次喝水时，孩子们发现了这个新贴的标识，纷纷问我这个是什么。我说：“你们喜欢这三个表情中的哪个表情呀?

孩子们都异口同声地说：“最喜欢开心的笑脸。”

“老师也最喜欢笑脸了，当你们喝下满满的一杯水时，你们的身体就变得棒棒的，同时小水杯也会给你一个大大的微笑，可是如果你没有喝水或者喝水喝得很少的话，你们的身体就会不舒服，那么小水杯就开心不起来，甚至哭了！你们希望自己的小水杯是什么样的表情呀？”

“大大的笑脸。”于是，孩子们都纷纷把水杯接满，有的又接了第二杯。喝完水后的孩子们都露出了和小水杯一样大大的笑脸。

教育无小事，我们只要从关爱幼儿的角度出发，找到适宜的教育契机和方法，创设适宜的环境，一定能帮助幼儿养成良好的生活习惯，让他们健康快乐地成长。

今天你漱口了吗

郭力宏

幼儿一日三餐后，口中难免会有食物残渣，漱口能够快速方便地清洁幼儿的口腔。虽然饭后漱口是生活中的小事，但却关系到幼儿的牙齿健康，关系到孩子良好生活习惯的建立。然而对于老师来说，让幼儿养成这个习惯可不是一件容易的事情。尽管我们平时总是不厌其烦地提醒他们，但总有个别幼儿嫌麻烦，跟老师“捉迷藏”，或者敷衍了事。因此，帮助幼儿认识漱口的重要性并且掌握正确的漱口方法十分重要。

案例一：苏杭的牙齿怎么了

一天早饭后,王仕元问我：“老师，苏杭今天怎么没来？”这一问，我的脑中闪过一个念头：对呀，这不是一个很好的机会吗？可以通过苏杭的事，告诉他们保护牙齿的重要性。于是我说：“你们猜猜今天苏杭为什么没上幼儿园？”孩子们你一言,我一语地说开了，有的说：“跟妈妈上公园了吧！”有的说：“生病了吧！”“上奶奶家了吧！”……待孩子们说得差不多了，我告诉他们：“苏杭的牙齿有洞了，她今天去医院治疗牙齿了。”“噢！”孩子们都点点头，航航问：“老师，苏杭牙齿上的洞洞大吗？我奶奶的牙齿上也有洞。”“苏杭牙齿上为什么会有洞呢？”李睿博问。

第二天，苏杭来了，小朋友都很关心地围过来问这问那，我让苏杭张开嘴巴，孩子们都争先恐后地探着头瞪着好奇的眼睛向苏杭的嘴巴看去，“呀，好大一个洞呀！”“洞里好黑呀！”“太可怕了。”孩子们嚷嚷着……苏杭闭上嘴巴，皱着眉头说：“医生说还要去呢，治牙可痛了。”说完露出痛苦的表情。吕骁航说：“我可不想牙齿长洞呀。”“我也不想”，“我也不想”……孩子们一起说了起来。我趁机说：“怎么样才能使牙齿不长洞呢？”想了一下，孩子们几乎是异口同声地说：“刷牙。”“对，刷牙可以保护我们的牙齿，那你们知道除了刷牙外还有别的办法吗？”孩子们面面相觑，一时想不出什么办法。

案例二：集体活动“我会漱口”

一、活动目标

1.通过活动了解漱口的重要性并掌握漱口的基本方法。

2.养成吃完东西漱口的生活习惯。

二、活动准备

巧克力饼干若干，小镜子每组一块，龋齿和健康牙齿图片，水杯和脸盆等。

三、活动过程

1.（出示神秘盒）老师：请你猜一猜老师给你们带来了什么？

2.幼儿品尝巧克力饼干，吃完饼干张开嘴巴互相看一看，再用镜子照一照自己的嘴巴。

提问：你看到小朋友嘴巴里有什么？你的嘴巴里有什么？嘴巴里有黑渣子会怎么样？

小结：这些黑渣渣如果留在我们的牙齿上就会腐烂变臭，会腐蚀我们的牙齿，牙齿就会长洞洞了。

3.（出示龋齿和健康牙齿图片）在对比中介绍龋齿和健康牙齿的区别，了解龋齿的危害。

提问：怎样做才能不长龋齿？

4.幼儿尝试漱口，将水吐在脸盆里，看一看里面的黑渣子。

提问：怎样漱口才能漱得干净？

5.边学儿歌边学习漱口的方法。

《漱口歌》

宝宝手拿小水杯，嘴里喝口清清水，
闭上嘴巴鼓鼓嘴，咕噜咕噜吐出水。

6.总结:我们从小就要养成饭后漱口的好习惯，让我们的牙齿白白的，不长龋齿。

四、活动反思

整个活动给幼儿创设一个能让他们亲自去感知、去操作、去体验的环境，让幼儿自主体验和自主探究，从而使幼儿真切感受到漱口的重要性，并学会正确的漱口方法。

养成饭后漱口的好习惯不是一次活动就能实现的，而是需要老师和家长持之以恒地引导与培养，逐渐把这种认识变成幼儿自觉的行动。

案例三：“我会漱口了”

幼儿在漱口的过程中，常常会出现将水直接吐出来或把水咽下去的情况，而且小班幼儿年龄小，还没有养成刷牙的习惯，因此，教他们用正确的方法漱口非常必要。

我们首先和孩子们一起边说儿歌边做动作，为了便于记忆，给儿歌配上照片贴在墙上，这样他们就能直观地看到漱口的顺序和方法了。慢慢地，孩子们都能用正确的方法漱口了。一天晚上，祺祺兴奋地拉着妈妈进了教室，指着墙上的照片高兴地说："妈妈，我会漱口啦！"

除此以外，我们还把健康牙齿和被蛀坏的牙齿图片贴在卫生间，让幼儿在对比中了解蛀牙的危害，增强他们保护牙齿的意识。同时，还提供了放大镜让幼儿自我观察或相互观察漱口前后口腔内的清洁状况。这样，幼儿饭后漱口的主动性明显提高，而且非常认真。

日常生活中教师要做个有心人，关注幼儿的发展需求，努力创设一个能够让他们亲身去感知、去发现、去操作和体验的环境。这样，幼儿才能真正地体验并养成良好的生活习惯，从而逐渐内化成为一种自觉的行为，为幼儿一生的健康奠定坚实的基础。

让冲水成为一种乐趣

王海莹

幼儿园的环境创设，不仅能丰富幼儿的知识经验，同时也是一种无声的教育，能让幼儿从中受到一些启发，通过视觉提示来引导幼儿养成良好的生活卫生习惯。

作为保育老师，在日常生活中我发现很多孩子如厕之后，会忽略冲水环节直接就走开了，用什么来吸引孩子的目光并且能够使他们有兴趣冲水呢？首先我想到的是冲水把手的改造，在和孩子们一起看《小鱼尼姆》的动画片时，看到尼姆灵动的小眼睛，我想我何不利用小鱼的眼睛呢？于是我彩喷了许多小鱼，把眼睛的部位先刻下来，然后把小鱼套进冲水按钮，让按钮充当小鱼的眼睛使孩子有想按下去的冲动。我带着孩子们到卫生间，欣赏改造好的冲厕按钮

高兴地说："小鱼呀特别喜欢干净、清洁的水源，所以如厕后按一按它的眼睛，便池中的水就会变清洁了，谁愿意来试一下？"孩子们都争先恐后地说："王老师，让我试试吧！"自这次改变后孩子们如厕后再也不会忘记冲水了，从而养成了便后冲水的好习惯！

有了小鱼按钮的经验，我继续用海底世界的喷绘做背景，在蹲便器边贴上了小海星的标志，用来提示孩子准确的蹲位。然后又在海底世界的背景中加入了"你的大便正常吗？"这个主题，分别做出三个头像：笑脸、哭脸、正常脸以及三种形态的大便，让孩子在便后可以对照一下这三种形态的大便，在自己的名字下贴上相应的头像。这样老师也可以及时了解孩子的排便情况，通过大便的形态提示孩子的饮食饮水情况。这样让大多数孩子不再排斥在园大便。通过这些环境的改变，孩子们不自觉地喜欢上了卫生间，上厕所时能够按照提示踩在准确的蹲位上，如厕后都会很开心地去按一下小鱼的眼睛，偶尔有小朋友忘记了，其他小朋友也会及时提醒或帮忙冲水。

有了对女孩儿便池改造的成功经验，我将男孩子的便池也进行了小小的改造。由于男孩子便池的造型，本身就是一只青蛙张开的大嘴巴，我便将这只"青蛙"的身体用绿色的彩喷纸包裹起来，并且把那两只大眼睛也突出地显现出来，贴一小块儿红色的硬塑纸片在"青蛙"的嘴巴里当做舌头，这样男孩子在如厕后就能对准那个小"舌头"小便了。又在男孩子的冲厕按钮上做出了一个"赞"的小图示，并在上方打上"为便后冲水点赞"的标语，告诉孩子们为自己的良好行为点个"赞"吧！我带着男孩子来到卫生间，他们都兴奋地说："看这青蛙像真的一样，还有舌头呢！"我叫来张俊琪小朋友说："你小便的时候对着青蛙的小舌头试试看会发生什么？"他一边小便一边笑着说："它的舌头会不停地动，真好玩儿。""那你再看按钮上是什么？"张俊琪说："是个赞。"我说："那你想不想为你便后冲水点个赞呢？"他说："必须赞！"这句话吸引了所有小男孩们的注意。他们都说："老师我也有尿……"就这样，孩子们在有趣的情境中逐渐地养成了如厕后冲水的好习惯！

从这次的环境创设中，我深刻地体会到了孩子们的天真与可爱，他们非常喜欢老师为他们做出的这些环境改变，并且都能够按照提示去做，孩子们在这次与环境改变的互动中，能力得到了提升，好习惯得到了巩固，看到孩子们的进步我觉得为孩子们所做的一切都是值得的、有意义的！

小标识 大用处

张新宇

标识是帮助幼儿熟悉环境并与环境产生互动，让幼儿在愉快、有序、自主的环境中进行各种活动，逐步养成一些重要的生活习惯，掌握初步的行为规范。教师利用标识，创设班级环境，就可以帮助幼儿尽快地了解幼儿园中一些基本的规则。对于新入园的幼儿，有效的标识可以给他们一些安全感、亲切感和归属感，使他们尽快适应幼儿园的集体生活。小标识的使用，使幼儿的自主意识得以觉醒，通过环境的暗示，幼儿认识到盥洗室、教室、走廊、楼梯的基本规则，例如靠右侧走，安静等待，站脚印排队，寻找自己的杯子。上厕所时排队能依靠每个人独有的标记寻找自己的毛巾、杯子、床等物品。通过熟悉这些独有标识和功能标识，幼儿不知不觉熟悉了班级环境，从陌生到熟悉，从被动到主动，从不知怎么做，到我要这样做，慢慢地不知怎么做被自主自愿的意识取代，从而让规则内化为幼儿的良好行为。

案例一：无声的脚印

开学初的一天，王迪小朋友哭着跑过来对我说："张老师，我的手疼。"

只见王迪的食指肿得高高的，我急忙问："告诉老师怎么弄的？"

"是陈盈好的门弄的。"

我很不解地去寻找陈盈好，只见她胆怯地站在厕所里望着我。我走到陈盈好身边等她上完厕所问她是怎么回事，

陈盈好委屈地说："我上厕所她老是拽我的门。"

噢，原来王迪是在两个孩子的"夺门大战"中受伤的，事后我让孩子们知道了这样做的危险性，同时这也让我意识到了存在的安全隐患，可是怎么才能解决这个问题呢？对了小脚印呀！于是我在等候区中估量好安全距离，也就是孩子够不到门的位置上粘贴蓝色的线，在蓝线后对准门的方向上又粘贴了几双小脚印。第二天，当孩子们如厕时我告诉他

们如厕的规则，果然不出所料，这种现象就再也没有发生过，这无声的脚印的力量真的是太强大了！

案例二：神奇的红线

一到洗手的时候，盥洗室里就乱糟糟的告状声此起彼伏，不是他没排队就是谁把衣服弄湿了，让我手忙脚乱。今天滕远赫小朋友又来告状了，“老师，我的衣服湿了。”我一看他胸前的一大片都湿透了，急忙去找衣服给他换上。这是他这周第三次弄湿衣服了，这可怎么办呢？我发现孩子们在洗手时，玩水、玩洗手液，才会把袖子和衣服弄得湿湿的。究其原因，一部分幼儿是顽皮所致，另一部分则是水开得太大了，不懂得节约用水。于是我一边督促孩子不要玩水，另一方面我告诉他们用“面条”水洗手，可是孩子们控制水流的能力不是很好，要不就是开大了洒得到处是水，要不就是开得太小浪费时间。于是我在水龙头上贴了一条红线，提示幼儿水龙头阀门只能打开至红线处，帮助孩子们控制水流的大小。第二天，我把这个标识的用途告诉给孩子们：

“孩子们，你们看看，今天的水龙头上面有什么不一样的地方呀？”

曹馨予眼睛很灵，一下子就发现了不同：“上面有一条红线。”

“嗯，对了。”

这时所有孩子的目光都停留在曹馨予小朋友前面的水龙头上。

我接着说：“接下来啊，请曹馨予小朋友转动水龙头，让水龙头上的红线正对着自己看看发生了什么？”

曹馨予很是好奇地小心翼翼地转动水龙头，这时水龙头流出了不大不小的“面条水”，孩子们都很是奇怪地看着我。

“我来告诉大家，这就是老师说的‘面条水’。它不大不小正好能把你们的小手洗干净，以后只要我们把红线转动到正对着自己的位置就有‘面条水’了。好啦！现在我们都打开‘面条水’一起把小手洗干净吧！”

只见孩子们都迫不及待地转动水龙头，开开心心地洗起手来。我当时别提多么幸福了。同时我还在地面上贴上小脚印，让幼儿有序地排队盥洗，不拥挤。从此以后，孩子们弄湿衣服、玩水、拥挤的现象明显减少了。

案例三：脚印有几双

“老师，王仕元不排队”，“老师，吴易妍不站在脚印上喝水。”这是一个学期下来，孩子们养成排队接水和踩着脚印喝水习惯后最经常对我说的话，我很是高兴，这说明他们懂得了秩序，能去约束自己和监督别人了。在引导幼儿排队喝水的过程中，盥洗室由于地方狭小，供幼儿站立的面积有限，因此当孩子们进入盥洗室的人一多，马上就显得拥挤不堪。所以在盥洗室的地面上用粘贴的小脚印控制人数就显得很有必要。脚印之间要考虑距离不能太远也不能太近，太近就会变得很拥挤，太远就会浪费空间。然后在排队的小脚印侧面又粘贴了一排喝水的小脚印，当孩子们接完水后就站在这个脚印上安静喝水。经过一段时间的提醒，孩子都能按着标识自觉去完成喝水这件事，没有脚印的孩子在等待区安静等待。

小班幼儿需要教师给予极大的关注和爱护，更需要建立良好的常规秩序。只要对孩子充满爱，挖掘教育实践中的点点滴滴，寻找适宜的方法，从尊重幼儿的需要和实际出发，就一定能为幼儿创造自然、宽松、和谐的生活环境。标识成为真正帮助幼儿建立良好生活习惯、适应集体生活、与环境积极互动的最佳方式，也成为老师的第二张嘴。无声的标识能潜移默化地引导幼儿的行为，只有当幼儿对标识的认识和自身的行为之间建立积极的联系时，才体现出小标识的大用处。

小儿歌的教育价值

王琳琳

幼儿的生活自理能力是其独立性发展的第一步，是无法代替的。许多父母虽然明白这个道理，但因为方法不得当，或者怕麻烦，于是常常代替孩子做他们应该做的事，剥夺了孩子学习的机会，使孩子形成了依赖心理。作为幼儿教师，我们同样肩负着培养幼儿自理能力的重任，在日常教育活动实践中，我发现短小、朗朗上口而又易于理解的儿歌，以其独特的魅力，在指导幼儿的生活自理能力方面，发挥着巨大的作用。

以往在生活活动中，教幼儿学叠衣服的方法很单一，只是先让幼儿看老师示范，然后幼儿跟着学，枯燥无味，幼儿不感兴趣，往往老师费了很多力气，效果却不好。

今天在教孩子们叠衣服的时候，我忽然想到做早操时，边说儿歌边做操，孩子们不仅感兴趣，而且学得非常快。我灵机一动：何不让小衣服也来“做操”，用儿歌的形式引导他们呢？于是，我神秘地对孩子们说：“小朋友，我们都会做操，现在我们把学

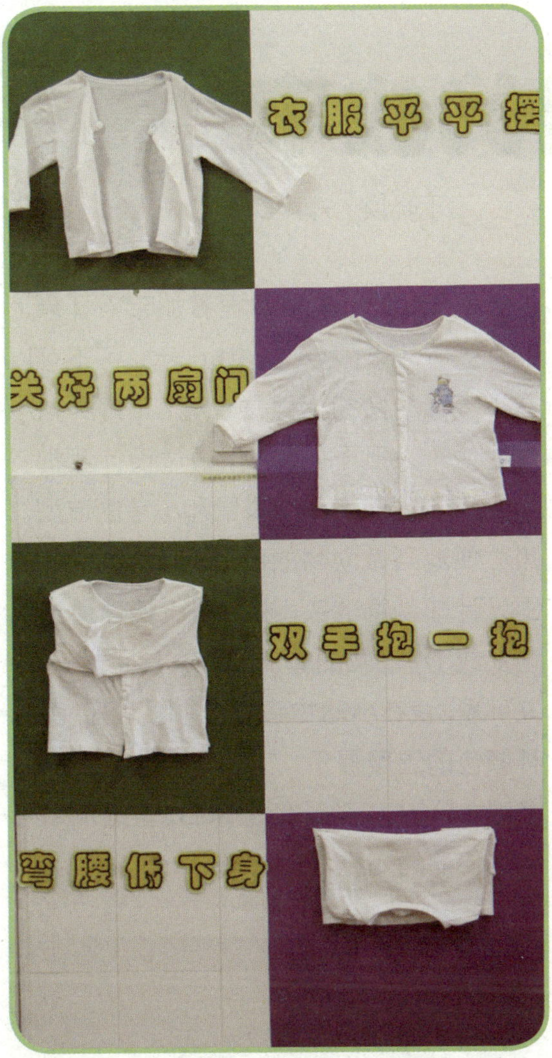

的操教一教小衣服好不好？”孩子们立刻被吸引住了，异口同声地说：“好！”“你们看，小衣服准备做操了。”

我边说边操作着小衣服：“小衣服，躺躺好，伸伸臂，抱抱肩，点点头，弯弯腰，衣服整齐真正好！”孩子们都拍手笑起来。“你们想不想教自己的小衣服做操呀？”“想！”孩子们争先恐后地要叠衣服。于是一场教小衣服做操的比赛就开始了。我看到他们像小教练一样边说着儿歌，边叠起了衣服，那认真劲儿，可爱极了。瞧！短小形象、充满童趣的儿歌伴随着孩子们稚嫩的小手，让孩子们很轻松地就叠好了衣服。“你们真棒！”一句由衷的赞赏更让孩子们乐不可支。活动结束时，我发现大部分幼儿都学会了叠衣服，少数几名幼儿由于动作不协调，叠的衣服皱皱巴巴的，但也已经成型，而且他们的兴趣还在延续，相信用不了多久也很快能够学会叠衣服。

为了巩固幼儿的记忆并增强趣味性，我把叠衣服作为一个环境，创设在班级的一面墙壁上，用小孩子的旧衣服，把叠衣服的每个步骤都展示出来，并配有对应的儿歌。这样孩子们在叠衣服的时候，可以边看边学边做，不仅起到了装饰环境的作用，而且平时孩子们还会不时地指着图和字读儿歌，为幼儿识字起到了潜移默化的作用。

由此看出，教育的方式不是单一的说教和模仿，适合幼儿年龄特点的生动有趣的方式更易于幼儿理解和接受，而适宜的环境创设正以独特的魅力发挥着巨大的作用。作为家长和老师一定要善于观察，从幼儿的反应中敏锐地捕捉他们的兴趣，了解孩子内在发展的需要，及时创设适宜的环境条件，以主动、积极、内容丰富的活动为基础，激发他们的兴趣和求知欲，为他们展现自我提供宽松自由的空间，让幼儿的需要得到充分满足，促进幼儿最大程度的发展。

卫生间里的故事

丁晓焕　郑雨巍

卫生间对孩子来说是一个特殊的地方，因为这里可以避开老师的视线，可以和小伙伴多说上几句话，或者小打小闹一番。至于在卫生间该做哪些事、怎么做，似乎都不重要，墙上醒目的提示："便后请冲水"似乎也与他们无关。有的孩子左顾右盼寻找玩耍的伙伴，有的孩子则匆忙离开，既不冲便池，也不会查看有没有把尿溅到外面。

"走，按鼻子去"

怎样让男孩子们记得小便后冲水呢？我冥思苦想了几天也毫无结果。

一天，看见李浩然捏着加菲猫耳朵上的开关听故事，我不禁灵机一动：可不可以在小便器的按钮上做文章呢？正好男孩小便池像个大肚子的动物，通过设计我把它们变成了熊猫、青蛙、袋鼠和小猪的造型，用小便池当做动物的肚子，把冲水按钮周围设计成动物的头，小小按钮就理所当然地变成了小动物的鼻子。四种小动物既形象又可爱，我在小动物头部上方附上蓝、黄两种颜色的温馨提示："便后请冲水，尿黄了多喝水"。中午孩子们起床后，走进厕所看到小便池的变化，开始窃窃私语，有的说：

“咦，小便器变成熊猫啦！”“快看，还有青蛙！”“哈哈，按钮变成了鼻子，真好玩！”说着，直接就去按青蛙的鼻子。“哎，还没小便就放水不是浪费吗？”阿木耳提醒道。“对对对，要节约。”黄启明赶紧附和道。于是，男孩儿们都迅速站在小便器前开始小便，紧接着都情不自禁按下小动物的鼻子，听到“哗哗”的冲水声，他们好开心啊！

自从按钮变成了小鼻子，孩子们自发地玩起了“按鼻子”的游戏。如厕时间一到，总会有小组长喊：“第一组按鼻子去！”很快，按鼻子的游戏内化成了孩子们便后冲水的好习惯。

我们一起来打靶

一天中午我正在做餐前准备，菲菲捏着小鼻子从厕所跑出来说：“老师，厕所的味道好难闻啊！”一旁的涵涵也说：“是啊，刚才我去厕所也闻到了很难闻的气味。”我走到卫生间一看，原来是小便池外边的尿渍散发出来的气味。我走出来问：“是不是有人把尿尿到了外边？这种行为可不好。”

结合男孩儿的生理特征，我想到了“打靶游戏”。我在卫生间的小便池内画上了靶心，如果孩子们小便时都对准靶心，相信一定不会尿到外面。同时我还设计了一个关于打靶的教育活动，制作了幻灯片，让孩子们认识靶心，知道只有瞄准了才能打到靶心。孩子们对打靶活动特别感兴趣，当我把他们带到卫生间后，男孩子们一眼就发现了小便池里的变化。希希好奇地问我：“老师小便池里为什么有靶心？”“你们猜一猜呀！”李逸说：“是不是玩游戏用的啊，是不是可以打靶啊？”旁边的张策说：“我知道了，在这里画靶心就是让我们小便的时候对准靶心。”“是呀，一会儿你们可以试一试，比比谁最棒，能射中最中心的位置。”我说。“比就比，没问题！”林清源信誓旦旦地说。

自从小便器里画了靶心，卫生间的地上再也看不见尿渍了，再也没有人说厕所的味道难闻了，空气中散发的是洗手液淡淡的清香。

通过卫生间的环境创设让我们感悟到，只有从幼儿心理特点出发来创设适宜的环境，才会让幼儿乐于接受并内化为主动行为，只要方法得当，培养幼儿良好的生活卫生习惯就不是难事。

比比谁的花碗多

王高娃

新小班开学了，30多个幼儿来自不同的家庭，有着不同的家庭教育环境和成长经历，进餐习惯也是各不相同。几天下来，我发现在很多孩子身上存在着偏食、挑食、边吃边玩、洒饭、剩饭的现象。

“我不爱吃肉”

一天午餐时，我正在给孩子们添饭，突然听到汐子大声喊：“老师，硕硕把肉给我了。”回头一看，果然，硕硕正用勺子盛了一片肉往汐子的碗里放。我赶忙走过去问硕硕：“为什么把肉给汐子？”“我不爱吃肉。”硕硕理直气壮地回答。“肉里含有很多营养，吃肉可以让你长得更高，让你更有力气呀！”听了我的话，硕硕咬着嘴唇，脸憋得通红，终于忍不住“哇”地一声哭出来了，边哭边说：“我不想长个子，我就是不想吃肉。”看来硕硕是真的不爱吃肉。

在观察中我发现：晨晨不爱吃青菜、徐媛不吃木耳、佳明不吃茄子、陈婉不喜欢吃米饭……我还发现有幼儿把不喜欢吃的饭菜压在空碗的下面，偷偷地送回餐具桶。长此下去，他们的生长发育真的会受到影响。

“比比谁的花碗多”

为了让幼儿养成不挑食、不剩饭的好习惯，我创设了进餐环境专栏“幼儿园里饭菜香”，用贴“小花碗”的方式，把幼儿的进餐情况记录下来，即每顿不挑食、不剩饭的幼儿就会得到一个“小花碗”，贴在“餐厅”里面。每天晚上，得到3个小花碗的幼儿们还可以得到一颗“进餐之星”小星星，每到周末还根据每个幼儿获得的星星的数量评选“进餐之星周冠军”，奖品是一顶王冠帽。

自从有了这个小专栏，他们对于这些“小花碗”特别关心，每天来园都要数一数自己得了几个“小花碗”，数一数谁的“小花碗”最多。

星期五中午洗手时，我听到朵朵跟旁边的吕亦晨说：“今天中午我要好好吃饭，这样我就能得一个小花碗，妈妈说我再得一个小花碗就带我去大白鲸游乐场玩。”听了她的话，我忍不住做了个加油的手势对她说：“加油啊！”她也信心十足地举着小拳头说道：“加油！”

“妈妈让我少吃点”

开饭时间到了，我正在给小朋友盛饭，赵欣然走过来说：“王老师，你给我少盛点儿，妈妈说让我少吃点。”看着她肥嘟嘟的小脸我点头说：“好的，我知道了，一会儿吃饭之前记得先喝汤，好吗？”“好吧。”她点点头，走开了。

赵欣然虽然只有三岁，但体重却有26.45千克，对比《3~6岁儿童学习与发展指南》中同龄女孩儿的健康标准，绝对超重。是呀，我只关注到挑食的孩子，却忽视了肥胖儿。班里有四五个肥胖儿，看来我要对他们另提要求了。

在与家长沟通后，每次进餐时，我会悄悄同他们打招呼“记得先喝汤哦！你只要细嚼慢咽，吃完自己的一份就可以，老师同样会奖给你一只小花碗的。”

经过一段时间的评比，幼儿的进餐习惯得到了改善，吃饭说话、挑食、剩饭、暴饮暴食的现象明显减少了。家长看到孩子红润的小脸，也露出了满意的微笑。

培根说：“习惯是一种顽强而巨大的力量，它可以主宰人的一生。”良好进餐习惯的养成不是一朝一夕的事情，相信在我和家长的长期努力和坚持下，孩子们一定会茁壮成长。

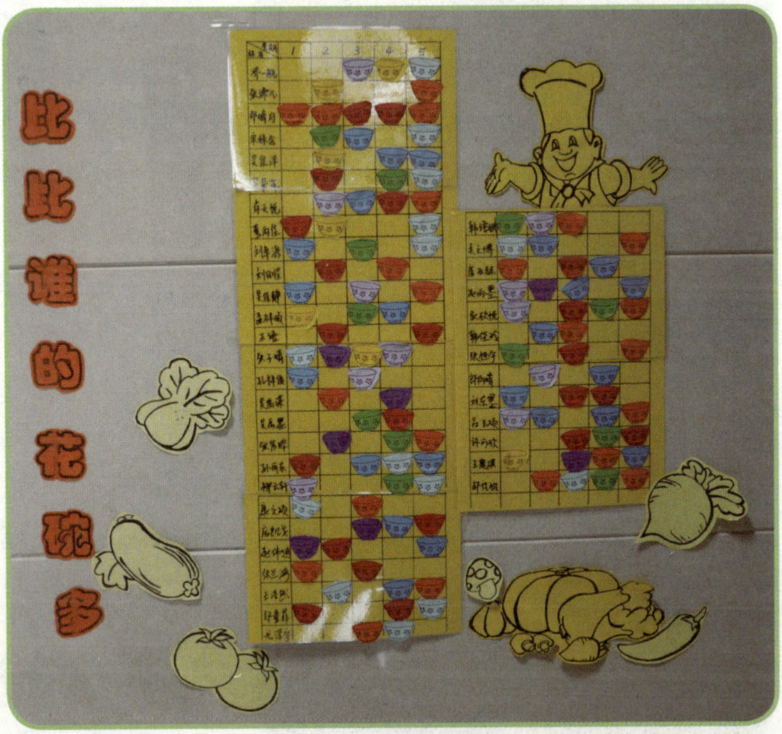

宝宝学穿鞋

张晶晶

每天午睡后，孩子们做的第一件事就是穿鞋子。穿鞋对于小班的孩子们来说并不简单，不是提不上鞋帮就是鞋子反着穿，每次都是在老师的提醒和帮助下才能完成。每次检查时，孩子们总是不停地问："老师，我穿的对吗？""老师，帮我提上鞋。"反复地教过孩子们很多次穿鞋的方法了，但效果总是不太明显，让我不禁反思自己的方法是否正确，在反复学习《3~6岁儿童学习与发展指南》后，我改变了方式。

首先，我想到的是儿歌，简单易学易记的儿歌是幼儿非常喜欢的，用恰当的儿歌指导幼儿学习穿鞋、分辨鞋的反正应该会有事半功倍的效果。于是我根据小班幼儿的年龄特点创设了"穿鞋"的生活功能墙饰，以最直观的方式让孩子们每天都能看到正确的穿鞋图示，同时我组织孩子们开展了集体教育活动"我会穿鞋啦！"

通过采取这些措施，孩子们很快学会了穿鞋，不能确定自己是否穿对的孩子也能根据墙饰来进行比对，穿错鞋的情况也越来越少了，看来我们的活动和墙饰起了很大的作用。

学会生活是幼儿在园的学习内容之一，良好的自理能力能够促进幼儿的独立性和增强幼儿的自信心，并为其一生的发展奠定良好的基础。因此，我们要善于从幼儿日常生活中的小事入手，把生活能力的培养寓教于游戏、儿歌、墙饰之中，循序渐进、扎扎实实地进行培养。

附：

小班综合活动：我会穿鞋啦

一、活动目标：

1.能分清鞋的左右，学会自己穿鞋，提高幼儿观察辨别能力和生活自理能力。

2.体验自己做事的成就感。

二、活动准备：

布娃娃一个，每人一双拖鞋，《大鞋小鞋》的音乐。

三、活动过程：

1. 导入：布娃娃做客

师：小朋友，今天布娃娃来我们班做客了，你们欢迎吗？

引导幼儿从上往下观察，发现布娃娃的鞋子穿反了。

（请一位小朋友来帮助布娃娃纠正）

2. 幼儿讨论：怎样分清鞋子的正反？

师：谁来教教布娃娃，怎么样才能把鞋穿对。

（请幼儿讨论，说出穿鞋的方法）

教师讲解穿鞋的方法，然后边说儿歌边摆鞋子：“两只鞋子碰碰头，搭扣都朝外面扣，左右两边各一只，一二一二向前走。”

3. 幼儿操作，尝试辨别鞋子的正反。

（1）请每位小朋友从篮子里找出一双鞋，帮它们配对。

（2）大家一起来检查，看看自己的鞋子是不是放对了。

（3）边念儿歌边示范如何将两只鞋放正。（两只鞋子碰碰头，搭扣都朝外面扣，左右两边各一只，一二一二向前走）

4. 游戏：穿大鞋

师：你们想和笑哈哈的鞋宝宝做游戏吗？

请幼儿一起穿上爸爸妈妈的大鞋走一走，知道鞋子要穿合脚才舒服。

5. 送鞋宝宝回家

(1)鞋宝宝累了，我们把它们送回家(将鞋送回鞋柜并摆放整齐)。

(2)请幼儿脱下自己的鞋，玩“碰一碰”的游戏。

(3)游戏结束时要求幼儿迅速穿好鞋子，教师注意检查幼儿是否分清鞋子的左右。

6. 延伸活动：鼓励幼儿尽量学会自己的事自己做

(1)在以后的生活中我们要学会自己正确穿鞋，其实我们还会做很多很多的事呢。小朋友，你都会做些什么事呢？

(2)小结：你们真棒!我们要从小学会自己的事情自己做，做一个能干的好孩子!

学穿衣

尤昕瞳

《3~6岁幼儿学习与发展指南》中明确提出:"鼓励幼儿做力所能及的事,不因做不好或做得慢而包办代替。"但是孩子是爸爸妈妈的宝贝,爷爷奶奶的心头肉,家长们会因为"爱"而剥夺孩子自己动手的乐趣,一味地强调着"你还小"、"你还没长大"。可是当孩子的能力发展与家长的要求及与时间冲突的时候,我们听到的却是家长的抱怨、批评和无奈,因此培养孩子的自理能力成为了我们的一项重点工作。

每天在带幼儿户外活动之前,我都会要求孩子们穿好外衣,每当这时就会听到孩子们的各种声音,"老师您能帮帮我吗?""老师,在家里爷爷奶奶不让我自己穿。""老师我不会穿衣服,您能教教我吗?"面对孩子们自己穿衣的渴求,看到他们可爱而笨拙的动作时,我并没有觉得开心或者好笑,而是在反思,在思考,怎样才能帮助他们学会穿衣服,掌握穿衣服的技能呢?

活动一:穿开衫

"抓住领口往后披,抓住衣袖伸手臂,整好衣领扣好扣, 穿着整齐多神气。"我找到了这样一首穿衣服的小儿歌,边说边做,效果还真的不错,能力强的孩子已经能够自己穿上衣服了。为了让幼儿能够更直观地看到穿

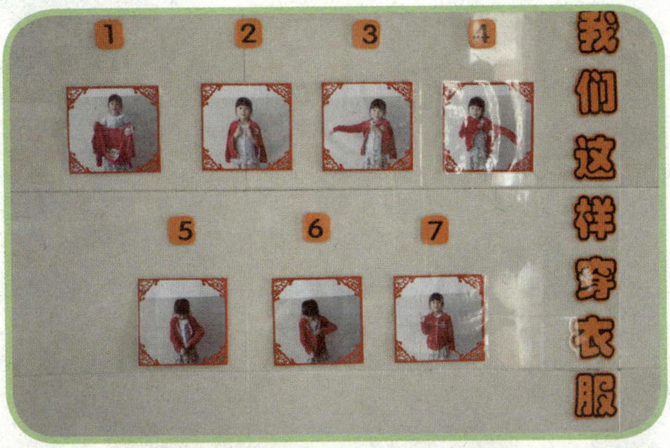

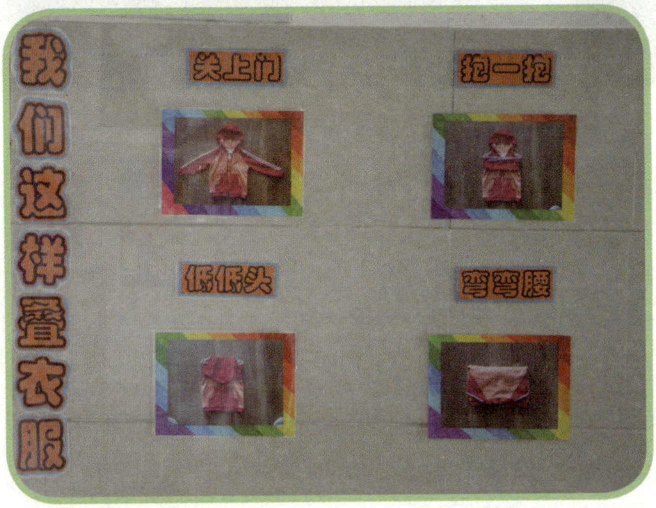

衣服的过程，我将幼儿穿衣服的方式和过程以照片的形式记录下来和孩子分享，孩子们都争着当模特。我按照穿衣的顺序，把照片贴在墙上，为幼儿提供随时学习随时模仿的机会。“老师，我会穿衣服了！”“老师，你看我扣子系上了！”“老师我要给爸爸妈妈表演一下！”孩子们不停地说着，看到他们可爱的笑脸，我想在接下来的时间里要“趁热打铁”，让每一个孩子都学会穿衣服，变得更自信，充分体验到自己的事情自己做的快乐！

区角活动时，在娃娃家总能听到孩子们快乐地交流：“爸爸你回来了？先把外套脱了吧！”“妈妈，你给孩子穿衣服，我送她上学。”“妈妈，你来帮我一下，我不会系扣子。”“哎呀，妈妈也不会，请老师帮忙吧！”“有什么可以帮你们的吗？”我轻声问道。“老师，我的孩子不会系扣子，能帮帮我们吗？”“当然可以。”我边系扣子边讲方法，“老师，我们有时候会忘记，怎么办呢？”听到孩子的问题，让我有了新的想法。

活动二：“系纽扣”

“衣襟要对齐，扣子、扣眼在一起，从下往上扣，漂亮又整齐。”同样地我又选择了一个形象又易记的小儿歌来帮助小朋友们记忆系纽扣的方法。在接下来的主题活动中，我把穿衣服的活动做成功能性墙饰贴在娃娃家，让孩子在轻松的游戏氛围中学习。选择娃娃家的原因是它很贴近生活，在那里孩子们可以瞬间“成长”为他崇拜的“大人”，玩着上班、回家、做饭的游戏。而穿脱衣服是不可以缺少的生活步骤，这样的融合更加贴切而不生硬，顺理成章地成为娃娃家的组成部分，而娃娃家也就成为了他们练习技能的最佳场所。

“生活即教育”，将教育融合在幼儿的一日生活当中，培养幼儿良好的生活习惯，从小做起，从一点一滴的小事做起，为幼儿创设适宜的环境和自由成长的空间，学习就会变得轻松愉快，事半功倍。

第三章 精心设置 让幼儿在与常规环境对话中发展

“幼儿的学习是以直接经验为基础的，在游戏和日常生活中进行的”，陶行知提出：“生活即教育”，“事怎样做就怎样学，怎样学就怎样教。教而不做，不能算教，学而不做，不能算是学。教与学都以做为中心”。我们将幼儿一日生活中的常规性环节纳入视野，进行渗透性教育，创设了“心情墙”、“天气预报”、“值日生”、“自然角”等常规环境，旨在让教育回归幼儿生活，在日常生活中学习做事，达到做中学，做中求发展的目的。

常规环境教育是以角色体验为手段，以重复体验练习为方法，以掌握技能养成习惯为目的，通过说一说、播一播、记一记、练一练等不同形式丰富知识、提升技能，积累初步的生活经验，并在做的过程中拓展经验和技能。由于各年龄段幼儿的发展水平不同，同龄幼儿的发展亦存在个体差异，所以老师设定的目标也不尽相同，充分体现因材施教、因人施教的教育原则。让幼儿在模仿中体验快乐、学习技能，在原有基础上获得发展；通过播报天气、讲述心情、尝试劳动、观察记录、学习规则等，培养幼儿对环境观察的能力、口语表达能力、宣泄和控制情绪能力，养成主动观察、大胆表现、遵守规则、关心他人、乐于助人的好习惯。

常规环境创设更多体现的是幼儿生活环节的教育，这是幼儿教育区别于其他年龄段教育的重要特征，也是幼儿教育专业性的体现。

我是值日生

任玺

活动背景：

升入中班以后，幼儿想要为他人服务、为班级服务的愿望表现的特别强烈。尤其是老师做事的时候，幼儿纷纷过来想要帮忙，但有些小朋友还没掌握具体的做事方法。为了满足幼儿这种为他人服务的愿望，帮助幼儿养成良好的生活卫生习惯，掌握初步的生活技能、技巧，秉承陶行知先生“生活即教育”的教育理念，特设计了“我是值日生”生活教具活动。旨在从一日生活中寻找教育契机，为每个孩子提供锻炼的机会。

活动目标：

1.了解值日生的工作职责。

2. 掌握擦桌子、扫地、整理玩教具等值日生工作的基本技能，养成做事细致、有条理的好习惯。

3.培养幼儿为他人服务的荣誉感和自豪感。

活动过程：

一、轮流值日

为了使每个孩子都能够得到锻炼，我们将班级里的孩子分成了五组，按星期一到星期五的顺序轮流来做值日生。新鲜事物对于孩子们来说是极具吸引力的，值日生刚开始执行时，孩子们都会焦急地等待，希望能够快点轮到自己，也来尝试当一次小小值日生。等到到了值日那天，更是早早地来到幼儿园，选择自己早已经想好的工作。戴上值日生牌的那一瞬间，顿时小脸笑开了花。如果心仪的值日生牌被选走，幼儿在听了老师的话后，也会去选择其他工作，争取下次拿到心仪的值日生牌。在这过程中幼儿学会了轮流和等待，有了规则意识。

二、值日生工作内容

为了使每组小朋友都得到锻炼，尝试不同的劳动，我设置了几个工作内容供幼儿自主选择：小司仪、擦桌子、分发餐具、扫地拖地，值日生还可以做小老师在卫生间指导、监督幼儿洗手、喝水等，并简单整理洗手间物品，做到物品摆放有序。

孩子们每周都会更换任务，想要将所有的工作内容全部体验一次，活动调动了孩

子们的劳动热情，增强了孩子们自主选择工作的能力。

三、值日内容操作方法

1. 擦桌子的方法：

老师对桌子进行消毒后，选择擦桌子的幼儿会取来桌布，把桌布平摊在桌子上双手放在桌布上，按着从上到下，从左到右的顺序擦。

2. 扫地的方法：

幼儿取来扫把，左手在上，右手在下，双手握住扫把柄，身体向前弯一点，扫把贴着地面一下一下地扫，将四周的垃圾轻轻地往一起扫，扫成一堆，左手拿撮子，右手拿扫把，将垃圾收到撮子里。

拖地的小朋友在扫地的小朋友后面，每扫完一处，拖地的小朋友就会将地面拖干净，两个小值日生相互配合，共同将班级打扫干净。即使在劳动之后累得满头大汗，可是孩子们的脸上仍然洋溢着笑容，在得到鼓励和表扬后更是露出自豪的表情。

3. 打招呼的礼仪：

每天早上负责接待的小司仪代表着班级的形象，于是礼貌用语的使用显得尤为重要了。小司仪见到小朋友来到班级门口，都会热情、大声地说：“早上好！”对于陪同的家长，幼儿也能够准确称呼，并积极地打招呼。当家长离开时，也会说：“再见！”

幼儿在充当小司仪的过程中学会了正确使用且乐于使用礼貌用语，在得到家长的肯定和鼓励后，幼儿以能够正确使用礼貌用

语为荣。

活动反思：

《3~6岁儿童学习与发展指南》中明确指出：要培养幼儿具有基本的生活自理能力。鼓励幼儿做力所能及的事情，对幼儿的尝试与努力给予肯定，不因做不好或做得慢而包办代替。所以我在“我是值日生”的主题活动中，以孩子们可以做力所能及的工作为出发点，为幼儿提供几项值日内容。孩子们有了这些体验以后，有了自己动手的意识，再加上我们的坚持，为幼儿养成良好的生活自理能力打下了基础。

《指南》中同样指出：要有文明的语言习惯。小司仪的创设使幼儿了解到一些必要的交流礼节，进而养成良好的言语行为习惯，做到对长辈说话要有礼貌，见到客人要打招呼。

由此看来，我们要多结合幼儿的生理和心理特点，创设一些适合幼儿的活动，让幼儿在活动中能够自主独立并获得自信，进而使他们能够健康成长。

“天气预报”诞生记

刘宏弘　魏云凤

在孩子的世界里，天气就像魔法师一样神秘。它或是艳阳高照，万里无云；或是疾风骤雨，电闪雷鸣。无论哪种天气，孩子们对此都有着无比浓厚的兴趣。比如，孩子们会在来幼儿园时兴冲冲地告诉我：“老师，昨天看天气预报说今天的最高气温是18摄氏度，去户外活动可以不用穿棉衣服。”“老师，今天天气真好，都没有风，暖暖的。”很多孩子会时不时地和我聊起天气，我想应该抓住孩子们感兴趣的“天气”这一话题，与孩子们一起制作天气情况的记录，学会科学记录天气变化，满足他们的探索欲望。

一、讨论制作方法

有了好的想法，可是用什么方法才能更直观地看到天气变化的情况，使幼儿参与到制作天气预报与观察天气预报的活动中来呢？经过考虑我决定先看看孩子们有什么想法。于是我和小朋友一起讨论怎样来制作这个属于我们班级的“天气预报”。孩子们讨论得很激烈，纷纷为我们的“天气预报”献计献策。有个孩子说：“老师，不如就像新闻播报员那样每天有一个小朋友播报天气，然后再把这个小朋友说的天气写在纸上。”马上就有小朋友提出反对意见：“老师，我觉得那样不好，那样不能一眼看出是什么天气。”我想孩子说的对，通过小朋友观察再来播报记录，虽然勉强可以记住哪天是什么天气，可是不够直观，也不能看出天气变化的趋势。这时，聪明的琪琪指着班级的时钟说："老师，我们做一个像时钟那样的'天气预报'吧。既能拨又能记时间（日期），那多好玩啊！"我觉得琪琪的想法非常好，既直观又有趣，所以我们采用了琪琪的方法来制作"天气预报"。经过讨论，最终决定采用"统计图"和"钟表"的模型来做这个"天气预报"栏。用图表和图片结合的方法，既方便幼儿直观地了解天气情况，又能清楚展现天气变化的动态趋势，更能让孩子们初步了解统计方法。

天气预报的形式已经确定下来，现在需要的是制作天气预报记录表。孩子们都热情高涨，"老师我喜欢红色，我们用红色的纸做行吗？""老师我觉得黄色才好看，用黄色的吧！"孩子们讨论得热火朝天。该选择什么颜色来做呢？孩子们在各种材料中比较着。考虑到孩子的喜好，对色彩搭配我做了认真思考。多种颜色在一起必定会让幼儿觉得眼花缭乱，所以颜色不宜过多，但是选用的颜色又要鲜亮。这样既能吸引住孩子，又能更好地帮助孩子区分数据。在比较、选择、讨论中，最后选择了橘黄色做主体色调，又选择了红色、蓝色、绿色等进行搭配。在材料的使用上，选用了KT板、卡纸、彩纸、海绵纸、便利贴等多种材料，尽量体现层次感。这样做，既充分采纳了孩子们的意见，又体现了幼儿在活动中的主体地位。

二、制作天气统计图

在做了诸多的准备之后，接下来就该着手制作了。大班的孩子已经可以帮助老师做很多事，他们都很积极地过来帮助我。首先是制作统计图。我以日期做统计图的横轴，以温度做统计图的纵轴，用便利贴做出小花朵的形状表示气温值。以红色小花朵表示一天中最高气温，蓝色小花朵表示最低气温，最后分别用蓝色和红色的彩笔来连接这些点，把每天的点连接起来，就可以看出气温变化的趋势。孩子们有的帮我摁小花，有的帮我揭双面胶，干得热火朝天。天气预报的统计图很快就做完了。为了方便幼儿记录并统计天气情况，我在图表下面做了天气、日期、风力三个统计格，天气这一格我还采用贴图标的方式让孩子来记录。这样，我们可以直观统计出每月的最高（低）温度，每月晴天有多少天，阴天有多少天，有多少天高气温，有多少天低气温了。

三、钟表式风力统计模型的诞生

风力等级的表示方法我采纳了琪琪的想

法，用钟表的方式来体现。该钟表模型分内外两圈，内圈为日期（1~31），外圈表示风力等级（0~12）。外圈的风力等级以图片和顺口溜的形式展现，以方便孩子理解和记忆，然后又分别做了长指针和短指针。由于内圈标注的数字过多不易区分，我采用剪裁类似放大镜的短指针把数字圈起来以方便孩子读取。长指针则指向外侧的风力等级，幼儿可以动手操作完再做记录。可是这样的模型只能指示日期，不能指示年和月，这样做的话就要每个月更换，十分麻烦。该怎样解决这个问题呢？牛牛说："老师，我有个带密码的日记本就可以变换数字，要不咱们给钟表上个密码吧！"牛牛的话激发了我的创作灵感，虽然不可以给钟表上密码，但可以用这种形式来变换年月啊。于是我把六个瓶盖串在一起做了一个滚轴，这样就可以自由调节年月，到期不用更换，既节省时间又节省材料。孩子们在外围又添加了一些装饰，至此一个钟表式风力统计模型就完成了。

四、实用的"穿衣建议表"

总是有家长和孩子在早晨来园的时候会问："老师，我们家孩子穿这些出去会冷吗？""老师，我不穿外套行吗？"考虑到天气预报的实用性，我和孩子们决定制作"穿衣意见表"，一方面解决了孩子们添减衣服的问题，另一方面能让孩子切身感受到天气变化给他们自身带来的影响。该怎么做呢？孩子们讨论开来，有的孩子说："老师，我们可以在前一天晚上听完天气预报，第二天早上来幼儿园用笔在纸上画出来该穿什么衣服。"马上有孩子说："老师，那也太浪费纸了，每天一张纸那得浪费多少张啊！"是啊，既要实用又不能浪费，最后还是朵朵想到了一个好办法，就是做一个可替换的"衣服"。我们在卡纸上制作两个框栏，一个框栏上挂数字卡（日期），一个框栏上挂画完并塑封好的"衣服"，什么天气适合穿什么衣服就挂什么"衣服"。孩子们开始自己动手画衣服，有的画外套，有的画背心，有的画衬衫，大家画得都很认真。

一段时间过后，我发现孩子们非常喜欢拨动滚轴来调节时间，也积极地记录天气。我给孩子们分配了任务，让孩子每晚回家看天气预报，第二天把天气情况记录在图表上，把适合的"衣服"挂在表上，孩子们争先恐后地去做。于是，记录天气成为孩子们每天的一大乐趣。这既锻炼了孩子们的动手能力，又能切实感受到天气变化带给自己的影响。而且通过每天早上的播报天气活动，还锻炼了孩子们的语言表达能力，孩子们在动手实践中享受着大自然给予我们的最特别的礼物，在实践记录中体验着快乐。这项活动丰富了孩子们对天气变化的认知，孩子们也能在合作中共同成长，在互相学习中共同进步。

小小的"天气预报"栏，让孩子们在看预报、拨表盘、记气温、统计天气情况的系列活动中，养成关注周围事物变化的好习惯。学会了用数据图表做简单记录和分析事物的方法，并通过动手实践达到了培养幼儿严谨做事的品质和良好的语言表达能力的教育目的。

表情变变变

尹倩

"老师早上好"

干脆利落的话音，一听就是李阔然小朋友进屋了。聪明活泼的小机灵鬼，身上总是充满了活力，他仿佛永远都停不下来。一进活动室就向每个小朋友问好，亲切热情地喊着他们的名字，好像要把一晚上没说的话都说完："你怎么刚来啊？我是第一个到的！""你快坐到我身边，我的好朋友，我想挨着你和你聊聊我爸爸，我爸爸什么都懂！""我昨天又跟我爸爸玩遥控汽车了，我比他厉害多了！"他很骄傲地炫耀着，阔然总是能带动身边的小朋友跟他一起聊得热火朝天，他总是带给人力量。

相反一早上就闷闷不乐的幼儿，做事情就会消极、冷漠；或者一个人待在角落，什么都不愿意干，什么都不愿意说，对什么好像都没有兴趣。李俊逸小朋友的生活环境比较特殊，只有爷爷奶奶带，他的行为总是让老师很着急。每天早晨总是低着头被奶奶推进活动教室，也不愿同老师打招呼问好，非常不开心，独自坐在角落里，默默地掉眼泪，看上去很可怜。我们安慰他说："怎么了？能跟老师说说吗？""我难受，我想回家，我不想在幼儿园。""那你喝点牛奶，吃点水果吧？""不吃，我什么都不想吃。"情绪非常低落。李阔然和李俊逸一个开朗活泼，一个内向压抑，两人截然相反。

小班的幼儿情绪化非常明显，每天早上来到幼儿园那一刻的心情就决定了他一天到底过得开不开心、快不快乐。可见情绪可以影响幼儿的行为和生活，快乐的幼儿会表现得异常活跃，无论是学习还是游戏，都报以积极、热情、好奇的态度，他们更加自信、无忧无虑。《3~6岁幼儿学习与发展指南》要求教师"允许幼儿表达自己的情绪，并给予适当的引导"，还要"帮助他们化解消极情绪"。因此我们班设计了一个心情墙：就是将幼儿的照片按序排列粘贴在墙上，每人照片下面对应一个装饰了彩虹的纸杯。让幼儿通过观察喜、怒、哀、乐四种情绪表情的细微变化，选择代表幼儿自己心情的彩色吸管，插到彩虹杯中。

幼儿看见这个漂亮的记录表，又好奇又高兴，瞪着圆溜溜的眼睛问我："老师，老师，这个彩色的杯子是干什么用的呀？""它是有魔法的，它能看见所有小朋友的心情，厉害吧？""哇！好厉害呀！""小朋友想不想玩呢？""想！"

幼儿对文字的概念是模糊的，他们能听懂，却看不懂，所以前期帮助幼儿认识

们能够缓解自己的消极情绪，从而变得心情愉悦。

对幼儿来说，每天的心情时好时坏，通过心情墙这个有趣的活动，帮助他们了解自己的情绪，从而主动调控不良情绪。不仅如此，心情墙还能让幼儿学着去了解同伴的情绪，帮助同伴调控不良情绪，对不开心的小朋友给予帮助。

喜、怒、哀、乐的方式我选择了游戏："表情变变变"。就是老师说几种表情，幼儿做出相应的表情，最后简化到"喜"、"怒"、"哀"、"乐"。

幼儿喜欢这种简单的游戏，反复的练习能够加深他们对表情的认识和理解。

幼儿在玩"表情变变变"的游戏之后，懂得了怎么表达自己的情绪，我开始尝试让他们在表情墙上选择一天的情绪了。每个小朋友都有属于自己的小杯子，喜、怒、哀、乐四种表情用四种不同颜色的吸管来代替。我发现幼儿开始认真思考，然后认真地去选择表情。通过他们的选择，我注意到他们的心情都与行为相关。所以，对心情不好的幼儿，我和班上的其他老师给予他的关注会更多一些。会与他们谈话，也会邀请他们积极参与到集体活动中来，主动与他拉手、游戏等，调动他们的积极性，使他

刘昭伟小朋友总是很细心，他经常都会关注其他幼儿选择了什么表情。有一次，他看见张骞予小朋友选择了哀的表情，就一直询问她："你怎么了？可以跟哥哥说吗？我可以帮助你呀，我可以陪你玩。"后来我发现他在户外活动的时候主动给骞予拿衣服，拉着她的手陪她玩，不一会儿，我就看见了骞予的笑容。心情墙培养了幼儿之间的互相关爱的意识。

通过对幼儿的观察，深入他们的心灵世界，观察并了解他们的情绪变化并营造温暖、轻松的心理环境，让幼儿形成安全感和信赖感。同时使他们感受到老师和同伴的关爱，以积极的情绪融入到集体活动中，开心游戏，快乐生活。

希望通过我们的努力，让孩子们都能拥有健康快乐的每一天。

心情驿站

张海艳

早晨萌萌来幼儿园时我没看出她有什么异常，可是一进活动室申金僖小朋友就过来拉着她的手问："萌萌，你怎么不开心了，能告诉我吗？"我突然意识到我的观察不够仔细，而孩子们似乎更容易直接体会到相互之间的情绪变化。为了能够及时了解每个孩子的情绪状态，我决定创设心情墙，给孩子们提供情绪宣泄的空间，让老师及时关注孩子的情绪状况，以便能够及时帮助这些孩子化解消极情绪，为孩子们营造温暖、轻松的心理环境。因为，积极愉快的情绪可以促进幼儿身心健康发展，成为幼儿参与学习活动的动力，有利于形成幼儿良好的行为习惯，为他们日后个性品质和积极情感的形成奠定基础。

袁乐轩笑了

心情墙创设完成后我向孩子们介绍了它的功能："这是心情墙，表达自己心情的地方，红色部分表示的是开心来园，如果你是开心来园你就可以把你的照片移到这个位置；黑色部分表示不开心。你是什么样的心情就可以把自己的照片移到相应的位置 。"我正说着，袁乐轩就走过来把自己的照片移到黑色部分，我赶紧说："袁乐轩小朋友知道表达自己的心情了。"说着我把她抱到怀里"为什么不开心能和我说说吗？"孩子哽咽着说："我想妈妈了。"原来今天是袁乐轩这学期第一天来园，有点儿想妈妈也很正常，我安慰着她，孩子们也你一言我一语地劝起来。丫丫说："咱们上幼儿园和妈妈只离开一段时间，晚上就能见到妈妈了。"淼淼说："咱们都长大一岁了，不能缠着妈妈了，妈妈还得上班呢。咱们一起玩儿多好呀！"薛梓涵说："你想点儿开心的事。"孩子们用自己的方式在劝慰着伤心的伙伴。最后，一个孩子提议大家一起跳《小苹果》舞，于是在欢乐的舞蹈中，袁乐轩终于露出了笑脸。

"生活即教育"，心情墙的创设将孩子们的情绪直观地展现出来，孩子们在这个过程中学会了恰当地表达，学会了同情他人，学会了换位思考，伙伴之间的劝说和帮助，更能有效地疏导消极情绪。孩子们在倾听的过程中学会明辨是非，积累了初步的生活经验和分析判断能力，同时培养了幼儿解决问题的能力。

我不开心

蒙氏活动中，侯淳译小朋友走到心情墙前，把本来是开心的照片移到了"有心事"的位置，然后自己默默地找个椅子坐了下来，很不开心的样子。我走过去握着她的手问："怎么不开心了，和我说说好吗？"原来她在画画，丫丫把她喜欢的蓝色彩笔抢走了。我说："这是一件很小的事情，我们去和丫丫讲道理就可以了，没有必要不开心呀。"我拉着侯淳译找到丫丫说明情况，丫丫主动把蓝色的水彩笔还给了侯淳译。接下来我说："遇到事情的时候不能光生气，要学会解决问题，还可以请老师和小朋友帮忙。看，这件事解决完后是不是很开心？"她高兴地点了点头。然后跑到心情墙前把照片又移回到开心的位置。侯淳译小朋友是一个性格细腻，不爱表达的孩子，经过这件事我更加意识到了心情墙创设的意义所在。

我有心事

开始午睡了，侯淳译和朱梓岳两个好朋友在心情墙那儿好像商量着什么，朱梓岳想把开心的照片移到"有心事"那儿，侯淳译不让她移，我装做没看见，给孩子们解决问题的机会。朱梓岳说："我有心事，睡不着！""你先别移，我帮你解决吧！你很快就变得快乐了。""那你说咋办吧！""你先闭着眼睛待一会儿，一会儿就能睡着了，要是还睡不着，你跟老师说，老师一定会理解你的。""那万一我没睡着，老师批评我怎么办？""那你就把你的担心告诉老师吧。"这时候两个孩子拉着手来到我面前，把自己担心的事说了出来。我心里替这两个孩子高兴，特别是侯淳译，她学会了帮助别人排解情绪。我赶紧说："你把你的担心说出来是很有勇气的，如果你经过努力没睡着觉，又不影响别人睡觉，老师一定不会怪你的。"他们开心地往小床走去，边走侯淳译还说："看，想办法就能解决问题，是不是？"

这件事让我很高兴，朱梓岳能够用心情墙来表达情绪，而侯淳译则学会了帮助别人解决问题了。

心情墙的创设，培养了幼儿的细心观察能力和主动助人的行为。在这个过程中，孩子们学会了表达、懂得了倾诉、体验了互助，同时孩子们也收获了一份快乐的心情。

小角落，大世界

——小班种植活动剪影

郭力宏

学龄前儿童对于自然界的日月星辰、鸟兽鱼虫、春花夏草都充满了好奇，他们用头脑、眼睛、耳朵和双手努力地探寻着这个世界的奥秘。作为幼儿园教师有责任引领他们去了解和感知这个丰富多彩的世界。

陈鹤琴先生指出："幼稚园需要布置一个科学环境，尽可能地引导儿童栽培植物，布置园庭，从事浇水、除草、收获种子等工作……"

因此，教师应努力为幼儿创设一个有利于他们动手操作、亲身体验并引发其积极探索的环境。而自然角是大自然的浓缩，因而是幼儿认识自然的窗口，是他们观察、认识和养护动植物的重要场所。春天是万物生长的季节，是种植活动的最佳时期，因此，我们根据小班幼儿的年龄特点，和他们一起种植了一些农作物，使其在亲身参与的过程中了解一些常见农作物的种类、生长条件、生长过程等，满足幼儿的好奇心和求知欲。

案例一：土豆怎么了

早晨，我把家里发了芽的土豆带到了幼儿园，孩子们都围了过来。看着土豆上尖尖的、嫩嫩的小芽儿，笑笑忍不住问："老师这个土豆怎么了？"

"这个土豆坏了吗？"潇潇也问。

"春天到了，土豆发芽了，如果种到土里就会长出新的土豆。" 我笑着向他们解释。孩子们似懂非懂地点点头……

过了一会儿，不知是谁说了一句："老师，我们快把这个土豆种到土里吧，以便长出更多的土豆。"

"好啊！""好啊！"其他孩子也都跟着说。

"这个主意不错，不过你们知道除了土豆还有什么种到土里会发芽吗？"孩子们面面相觑，一时想不出答案。

“茄子种到土里会长出新茄子吗？”过了一会儿，孙英赫若有所思地说。听他这么一说，别的孩子也都跟着说开了：“豆角种土里行吗？”“老师，我想种白菜。”……待他们说完，我提议让他们回家和爸爸妈妈一起找一找，把能够种植的东西带到幼儿园。

第二天，教室快变成菜市场了，有大萝卜、胡萝卜、白菜、土豆、红薯、大蒜、芹菜和圆葱等各种蔬菜，还有各种各样的农作物种子。经过分类、挑选，我们选择了种植种类，准备和孩子们一起来种植这些植物。

案例二：种子发芽了

从种下这些植物开始，孩子们每天来园后的第一件事就是去看自然角。看到小花盆里的土干了就浇点水，看到水生植物的器皿里水少了，就赶快去添水。但是看着这些自己辛勤劳作的“杰作”，悄无声息地躺在那里，有的孩子忍不住了，“老师，小种子什么时候才会长出来呀？”“红薯生在水里真能发芽吗？”……从他们的话中，我听出了疑虑，从他们的脸上，我更看到了期盼。

早晨，我正在晨检，突然听到小宝惊喜的声音：“呀，绿豆发芽了！”看着破土而出的小嫩芽儿，他高兴的就像发现了新大陆，其他孩子也因为这一发现兴奋不已。在以后的日子里，孩子们不断有新的发现、新的惊喜。看着这些小嫩芽慢慢地长大，慢慢地长出叶子，孩子们的兴趣更高了，都争着抢着给植物浇水，第一时间把自己的发现告诉老师和小伙伴，俨然在做着什么惊天动地的“大事业”。看着孩子们求知的眼睛，听着孩子们天真的谈笑，我情不自禁地为他们的成长露出欣慰的笑容……

案例三：小豆子长得好快呀

为了让孩子们观察植物的根系，我们把发好芽的黄豆和芸豆种子放在打了孔的薄泡沫板上，用水生在玻璃鱼缸中。这样植物的根就会钻过小孔向水下生长，而叶子在泡沫板上面向上生长。

随着这些种子慢慢长出短短的、细细的根，渐渐长出嫩嫩的叶子，孩子们对它们更加关心，每天都会检查鱼缸里是不是缺水了，根是不是又长长了，而且还会经常围着鱼缸唧唧喳喳地发表自己的高见。然然眯着眼睛说：“你们看小豆子的根好像细细的白虫子。”“我觉得像白线，”乐桐好像在自

言自语。“我看也像白线，长长的，”浩浩也跟着说……随着孩子们观察的深入，他们又有了更多的疑问：“这些长长的根有什么用呢？”“如果鱼缸里的水干了会怎么样？”“黄豆和芸豆的根谁长得快？谁的叶子长得快？”……孩子们的小脑袋里好像装着无数个“为什么”。

时间一天天过去了，在孩子们的精心养护和期盼中，这些豆苗的根系越来越发达，叶子也越长越大，越长越密。我常常会看到孩子们瞪着一双双亮晶晶的眼睛，情不自禁地赞叹着：“小豆子长得好快呀！”

“一花一世界，一树一菩提”。透过这小小的自然角，幼儿感受到了自然界的多彩与神奇，丰富了知识和经验，满足了自我探索和自我发现的愿望，同时也增强了与同伴交往和交流的能力。小小的角落，成为了孩子们发现和探索的大世界！

种植园里的故事

李庆贺

沐浴着暖暖的春风，和着悦耳的鸟鸣，春天迈着轻盈的脚步，向我们走来了。在这个万物复苏的季节里，我们的种植园里热闹起来了。

3月17日　星期二　晴

今天，我们的种植园开始播种了。

“我们种点什么呢？”我问孩子们。

“李老师，我想种草莓。”李泽茗说。

“我想种西瓜。”欣欣说。

“我想种倭瓜，因为我喜欢吃倭瓜米饭，哈哈。”小乐高兴地说。孩子们讨论得好热烈。

于是，孩子们都播下了希望的种子。他们期盼种子尽早钻出土来，快点长高，快点长大……

每天一来到幼儿园，他们就去看自己的种子，看看有没有变化。

3月23日　星期一　晴

“李老师，我们的种子发芽了，你快来看看。”正在晨检的我听到了小轩轩惊喜的

声音。

暖暖说：“我们的种子已经钻出来了。”

小欢说：“哇！我们的黍子也长出来了。”

……

看来大家都有新发现。

种子真的发芽了，玉米、黍子……虽然，只是尖尖的嫩嫩的一点点小芽，但是看到这些初生的小苗，孩子们激动得跳起来。

“种子发芽了，我们要着手记录了，孩子们，怎么记录呢？”我问。小乐说：“画一画吧，画上一点点尖尖的小角。”我追问道：“那么等到小苗长大了，怎么样来看它的大小呢？我们的记录纸已经画不开了，怎么办？”

孩子们各抒己见。

“每天给它们拍照片。”飞飞说。

“那就量一量，看它们长了多高。”有几个孩子说。

……

看来孩子们的办法还是很多的。经过商量决定采用简单实用的办法——量一量，然后记录下来。

在接下来的几天里，孩子们的种子都有了新的变化，玉米发芽了，高粱长出来了。他们都积极地尝试用尺子测量小苗苗的高度。1厘米、2厘米、3厘米……小苗的成长牵动着孩子们的心。

3月27日　星期一　晴

时间过得真快，已经10天了，可是芳语的谷子迟迟没有动静，别人的种子都发芽了，小苗苗都长高了，芳语的心里别提多着急了。每次去观察，她都会怀着一颗期待的心，等啊等。今天，芳语嘟着嘴来找我：“老师，我画什么？我的谷子还是没有发芽，它怎么还不出来啊？”我和她一起将垄沟翻一翻，果然，不但没有发芽，反而有点毛嘟嘟的，已经发霉了，我断定，谷子是彻底长不出来了。是种子时间过长？或者是我们浇水量多？再就是种得太深，种子没有呼吸的空隙？看到这样的结果，我告诉芳语：“谷子不会出来了。”接着就和她商量：“咱们的地不能空着，再种点什么？要不尝试种一点荞麦？”因为荞麦长得比较快，也许会安抚孩

子失落的心。芳语欣然接受了我的建议，我们一起播下荞麦的种子。

4月1日　星期五　阴

早晨，芳语刚进教室，孙靖涵就跑过来，拉着她的手，边往种植区走边说："快来看呀，你的荞麦发芽了。"呀！荞麦真的长出了芽，两片叶子像撑开的小雨伞，芳语快乐得像个小精灵。看她那样子，甭提多高兴了，告诉了我，又忙去告诉她的伙伴们，大家和她一样高兴。

4月6日　星期三　晴

我们的小苗苗都已经亭亭玉立。高粱已经13厘米，玉米14厘米，黍子也有4厘米了。再看看我们种的各种瓜吧，角瓜、倭瓜、丝瓜、香瓜已经长出了第三片叶子。各种豆子也都争先恐后地长出第三片、第四片叶子。"老师，你快来看，丝瓜的第三片叶子和先长出来的那两片叶子形状不一样。"有个小朋友说，经这么一说，其他孩子也发现了同样的问题。我想，这是一个好机会，是该让他们认识和区分这些植物的时候了。我问："孩子们，大家观察一下，这些小苗苗有什么区别？"　他们开始认真地观察，有的说叶子形状不一样，有的说叶子大小不一样，还有的说瓜和豆都是两片叶子一起长出来的……接下来，我组织了一次关于被子植物的科学活动。这样，他们知道了单子叶植物与双子叶植物的不同，并兴致勃勃地讨论他们种植的各种幼苗，哪些是单子叶植物，哪些是双子叶植物。在这个种植小天地里，孩子们收获的不单是快乐，更重要的是见证了植物的成长。可见，在孩子成长历程中，过程比结果更重要。

4月16日　星期四　晴

我们的植物角设在有阳光照射的东侧窗台上，随着小苗的长高，它慢慢地歪向了窗户的一侧。孩子们没有注意到这一点，上午观察的时候，我有意提醒道："孩子们，咱们的小苗苗为什么不直直地长，怎么都长歪了呢？你们看玉米、黍子、高粱最明显。"洋洋说："还真是呢！""这是怎么回事？"洋洋不解地问。雨泽说："它就是这样的，就是歪着长的。"……洋洋思考了一会儿，说："它们向着有太阳的方向长。""我建议，把种植槽转过来，看看会发生什么事情吧！"洋洋补充了一句，"它肯定'嗖'地一下就又转过去了。"并抓住角瓜嫩嫩的茎试着转动了一下。

4月20日　星期一　晴

今天我们去看转动了方向的植物们。果然，荞麦已经不再那么歪了，它已经抬起头，看来已经向阳光地带转身了。再看玉米、高粱、瓜类、豆类，比起前几天，它们确实长直了不少。

到底是什么原因使植物向着窗外的方向生长呢？我和孩子们一起寻找到了答案，知道了这是植物的向光性。在受到来自一个方向的不均匀光照时，幼小植物就会朝向光的方向生长。

接下来，我们又尝试了另一种向光性实验。我们把高粱和黍子进行比较，高粱不让它变换方向，这样它就一直被来自同一个方向的光照射，黍子则每天变换一下方向，以使幼苗的各个方位都得到阳光照射。我们看到，经过几天的时间，接受单侧光照的高粱幼苗，它的茎叶歪向窗户的方向，接受均匀光照的黍子幼苗都表现为直立生长，不发生弯曲。孩子们成功地观察到了植物的向光性，就是说，植物在均匀光照下直立生长，而在受到单侧光照时会弯向光源生长，即表现出向光性。

我们的种植园为幼儿提供了一个自主学习、观察和探究的空间。对大班的孩子们来说，在观察力方面的进步特别明显，以前他们从来不会主动地去观察一些动物、植物之类的，现在他们都能主动地观察。不但在幼儿园观察，回家也会去观察，而且还会学习照顾、护理、认识、记录种植园内的东西。在这个过程中，幼儿在不断地学习中成长，主动获取信息、接受知识，自主性得到良好的发展，好奇心得到激发，探索欲望得到培养。作为教师，在这个过程中和幼儿一起成长，体会到了教学与成长的真谛。

第四章 合理布局 创设真实自然的区域环境

区域活动，是一种幼儿重要的自主活动形式。它是以快乐和满足为目的，以操作、摆弄为途径的自主性学习活动。在区域活动中，教师有目的、有计划地投放各种材料，创设活动环境，让幼儿在宽松和谐的氛围中，按照自己的能力和意愿，自主地选择学习内容和活动伙伴，主动地进行探索与交往，“最大限度地支持和满足幼儿通过直接感知、实际操作和亲身体验获取经验的需要”。

我园在大班设置了开放式的大区域环境，设有科学、生活、民俗、语言、数学、建构、手工、舞蹈、表演等区域。各区域创设了特点鲜明、幼儿喜欢的区域环境，幼儿可以打破班级界限，自由选择活动区并自主选择游戏材料和游戏伙伴，实现“走班制”开展区域活动。中小班以班级为单位创设了数学、美工、感官、构建、生活、图书阅览等活动区，并创设了娃娃家、医院、美发厅等多种角色游戏区。通过为幼儿创设多层次、具有选择性和自由度的区域环境，让每个幼儿有机会接触到丰富的环境材料，并通过在与环境材料的积极相互作用中获得发展。

一、合理布局，科学设置活动区域，以达到互不干扰、互为方便的活动效果

一般来说，需要安静的阅读区和美工区要远离热闹的表演区、建构区；“娃娃家”、“超市”、“医院”、“餐厅”等角色游戏区域，要相互靠近，便于游戏的相互联系；“建构区”要避开通道，以免建筑物被碰倒；“种植区”和“饲养区”要设在向阳的窗前或户外；同时，在楼梯间和走廊过道设立公共区角，如“表演区”噪音较大，就设在了走廊；在楼梯间创设了“私密空间”，等等。这样，将可利用的空间巧妙安排，让幼儿园的每一个角落都活起来。总之，我园科学合理的区域设置为幼儿提供了有效的活动场所。

二、根据目标性的原则创设区域环境、投放区域材料

教育目标是一切活动的灵魂和依据，因此，根据幼儿园保教工作任务的要求，结合幼儿的实际发展水平和课程内容，创设区域环境，投放材料，开展活动。在实施目标过程中，我们充分注意以下两点。

1.一个目标可以通过多个活动区来实施。如为发展幼儿的语言表达能力，可以设置角色游戏区，让幼儿在“娃娃家”、“儿童医院”、“美食街”等区域中，通过扮演不同的角色，练习口语表达能力；也可以在“语言区”中开展玩具交流会，让幼儿介绍自己的玩具，表达自己的意愿；还可以在“表演区”

内投放服装和道具，让幼儿边表演边讲故事。通过多种活动方式，从多角度提高幼儿的口语表达能力。

2.一个区域完成多个教育目标。如美工区既可以训练幼儿的美工技能，又能让幼儿感受美和表现美，还能培养幼儿的想象力和创造力。教师在创设环境和投放材料过程中，既有所侧重又兼顾其他，灵活发挥其多种教育功能。

三、遵照主动性和差异性原则引领幼儿在与环境和材料的互动中丰富经验、提升能力

幼儿是在主动与周围环境的相互作用过程中获得发展的。幼儿的活动应该是主动而非被动的，应该来自于幼儿的内部动机。因此，调动幼儿的学习积极性，才能更好发挥幼儿活动的主动性。

1.教师在创设区域环境时，内容的选择、材料的提供符合幼儿的能力水平、兴趣爱好，使幼儿产生参与活动的愿望。例如“美食街”满足了幼儿放松自己、动手操作、扮演角色的需求，因而受到幼儿的欢迎。特别是丰富、真实的材料满足了幼儿模仿成人的愿望，他们制作的水果沙拉、寿司卷、果蔬拼盘等，可谓色香味俱全，在这里幼儿俨然是一个个技艺高超的金牌大厨。

2.活动过程中教师引导幼儿自主选择活动内容、活动材料和游戏伙伴，让幼儿自己决定玩什么、怎么玩等，而不过多地干涉。只有幼儿遇到困难和问题时，教师才适当介入，提供适时适度的帮助，给幼儿以充分的自主性，使他们体验到行动的自由感、对活动内容的兴趣感、对环境材料的支配感，以及对活动主题与内容的胜任感，帮助他们获得自主性的体验，使幼儿的主动性得到充分发挥。

3.实施目标的过程中，幼儿往往会呈现出明显的个体差异。不仅不同年龄的幼儿兴趣爱好和能力水平存在着较大的差异，而且同龄幼儿的发展速度和发展水平也各不相同，因此，我们根据幼儿的年龄特点和能力水平设置区域和投放材料。如教师根据小班幼儿喜欢模仿的特点，创设贴近幼儿生活经验且游戏性较强的区域，如“娃娃家”、“医院”等，且一个班内可多设几个相同主题的区域，以满足幼儿平行游戏的需要。大班幼儿各方面能力较强，也接近入学年龄，则可多设置智力性和动手性较强的区域，如“数学乐园”中的各种智力游戏，“民俗乐园”中的编织、缝纫等动手活动。不仅如此，针对同年龄幼儿，材料的投放也有一定的层次性和递进性。这些都满足了幼儿的个性化需求。

《幼儿园教育指导纲要》中指出：“环境是重要的教育资源，应通过环境的创设和利用，有效地促进幼儿的发展。”区域活动中，幼儿通过对环境材料的不断操作、实践和体验，逐步将教育目标内化为自身的经验、习惯和品质，使他们的综合能力得到全面发展。

大家一起建小区

王淑芳

建构区活动是幼儿根据自己的水平、兴趣和需要来选择材料进行个别性或小组性的操作活动。建构区的创设一方面通过投放各种色彩鲜明、富于变化的材料吸引幼儿，激发幼儿对建构的兴趣；另一方面又可以让幼儿在玩的过程中达到一定的要求，增加一定的能力，学会一定的技能，促使不同能力水平的孩子都能得到发展。

升入大班以后，幼儿各方面的能力都有了很大程度的发展和提高，他们在建构区的想象和创造也十分丰富，于是我和孩子们一起收集了奶箱、奶粉桶、纸筒、饮料瓶等各种可用于搭建的废旧材料，创设了大型的建构乐园，并且制订了区域活动规则。

一、范例引领

为了引领幼儿自主学习，我为孩子们提供了建构的示范图例，他们在建构的过程中，可以有所参照的同时可以自由发挥地创造。在活动过程中，我发现有的小朋友会按部就班地根据范例图进行搭建，对于这样的孩子，我会引导他们在按图构建的基础上，进行一些发挥创造，从而得到提高。而有的幼儿的想法很特别，不拘一格地使用材料，敢于大胆夸张，搭建的结构十分富有创意，对此，我及时给予了表扬和肯定。看着这些废旧材料在自己的巧妙组合下，变成了别致的建筑物，孩子们的小脸儿上洋溢着自信和自豪。还有几个小朋友拉着我的手说："老师，能让我妈妈晚上来看看吗？""当然可以！"我也高兴地回应着他们。

二、规划布局

结合"我家和我家附近的"主题活动，根据幼儿的实际生活经验，我请幼儿回家后观察自家所在小区的布局及相关设施，然后请孩子们开始尝试搭建小区。

镜头一：我问龙龙："你打算在小区里面搭建什么建筑和活动设施？房子要建在马路的哪边呢？"龙龙："我也不知道呢，一会搭着搭着就知道了。"我说："你如果现在不想清楚这些问题，一会儿楼房把地面占满了，可能最漂亮的喷泉就被挤到旮旯去了，那样也不方便人们去观赏呀！商店被挤到了高楼后面，人们买东西就不方便了，而且你最喜欢的小广场也没地方搭了！"龙龙："哎呀！那可不行，我的小区里得什么都有。"于是龙龙开始重新考虑小区的布局，之后他重新调整了楼房的位置，将"配套设施"也一一纳入其中，形成了一个像模像样的小区。我带领其他小朋友到他的小区来参观，大家都夸起了龙龙，龙龙也十分自豪。

镜头二：琪琪和涵涵在一起搭建他们的小区，只见他们各干各的，你刚搭好他又拆掉，楼房模型搬来搬去，始终未见小区的样子。我说："琪琪和涵涵，你们现在是在合作搭建同一个小区，但是你们每个人的想法都不一样，你看琪琪将高的楼房放在了前面，而涵涵将高的楼房都放在了中间，并且还放了很多树，现在整体看着很乱，人们想走进这个小区，可是踏进大门就被楼房挡住了视线，哪里都看不见了！你们俩人商量一下看看有没有更好的布局方法。"他们俩认真地看了看自己的小区，不好意思地笑了，意识到了老师提到的问题。两个孩子很快就商量起来了，并且布置和搭建出了一个环境优美的小区。

幼儿是最富创造力的群体，通过不断尝试，他们已经能合理地将楼房和景观设施组合在一起，将小区搭建得设施完备、生动形象，极具美感，相信将来这些孩子里一定会出现杰出的规划师、设计师和建筑师。

孩子们在合作中互相协商，共同探索，一起分享着创作的快乐和成功的喜悦，这种快乐和喜悦也直接放大了我的职业幸福感。同时，这种游戏化的建构活动有效地培养了幼儿的协商合作能力、与人交往的能力，极大地丰富了幼儿的想象力和创造力。在游戏的过程中孩子们获得了成功的喜悦，也初步学会了总结经验和面对失败，这对于他们一生的发展应该具有积极的意义。

我是小医生

李晓未

儿童的世界是奇妙的，他们内心的世界更是多姿多彩。他们渴望成长，期待变化，对这个世界充满幻想。老师经常问孩子们“你的梦想是什么？”“科学家。” “医生。” “老师。”等等，这一个个稚嫩的答案，都是孩子们最真切的想法，我们应该从孩子的内心出发，让孩子们保留这份纯真的想法，体会不同的角色带给他们的快乐。因此，我第一个想到的就是“医院”，于是，在征求了所有孩子的意见后，我决定把原有的“娃娃家”改为“爱心儿童医院”。

案例一：儿童医院竣工啦

俊俊是个帅气、聪明又有些顽皮的小伙子，在“医院”筹备过程中，他的心天天都在那儿。因为在家里，

父母也喜欢给他做不同职业的服装，所以他对医院就特别感兴趣，比别的孩子更期待这个“医院”的完工。每天早晨第一件事就是问我：“李老师，咱们的医院可以进去玩了吗？我太想去玩了！”并且啊，在布置我们的“医院”时，俊俊也是功不可没，帮老师拿这个，拿那个。最重要的是，他还可以给老师一些意见，帮助老师更多地了解孩子们的想法。

我们的医院基本完工了，孩子们都很期待，有事没事的就一个个探着小脑袋向“医院”里瞧，看着什么都新鲜。你总是能听见：“你看，这是咱们的医院。”“真漂亮，还有真的听诊器呢。” “那是什么？”“是测视力的吧！”“急救电话是120啊。”听见孩子们的热烈交谈着，我开心极了。

总的来说，“医院”设立的构想是正确的，切合实际的。准备工作也在老师、孩子和家长们的共同努力下完成了。

案例二：我是小医生

第一次到儿童医院的是俊俊、崔硕、郭书绮和魏铭欧四个小朋友，两个男孩儿和两个女孩儿，他们都是很乖的孩子，做事情也比较细心。俊俊很有经验，在小“医院”里，他分配着角色：“我来当医生，因为我妈妈是医生，我知道医生应该做什么。崔硕，你也当医生吧，郭书琦是病人，魏铭欧就是护士吧。”瞧瞧，这个小能人已经把角色分配好了。俊俊穿着白大褂，戴着白帽子，像模像样地用听诊器给小病人听听这儿，听听那儿，总能利用好每一样医用器械，和伙伴们配合得也很好。崔硕呢，像个老中医似的，严肃地给病人看着病。魏铭欧则是一位可爱的小护士，细心地用棉签为病人擦拭，给病人打针。她轻柔地对病人说：“请躺下吧，我来为你打针，不要怕，我会轻轻的。”郭书琦呢，这个“小病人”有模有样的，躺在病床上，等着打针呢。

这天，在医院里活动的是李青麟、章欣宇、南心、杨霖，玩了不一会儿，杨霖来告诉我：“李老师，我们想让李青麟给我们看病，可是他根本不理我们，就自己玩。”我看了看青麟，他穿着医生的服装，坐在椅子上认认真真地研究着听诊器，一边研究一边自言自语地说着什么，真的是自己玩呢。因为这个孩子平时就喜欢自己玩，不愿和别的小朋友交流、合作。于是，我来到青麟身边：“青麟，你是医生吗？”“是啊，我是医生。老师你看，我还有听诊器呢！”“嗯，青麟特别像一名医生，那你为什么不去给病人看病呢？”“我想先研究研究这个听诊器。”于是，我叫来了杨霖：“你看，有病人来找你看病了，你要做一个细心的医生哦。”“好，我知道了。”终于，这四个孩子都找到了适合自己的角色，把活动有声有色地进行下去了。

案例三 “混乱”的医院

有一次，我正在美工区里指导孩子们做手工，当抬起头看向“医院”的时候，不得了了。医院里到处都是针管、手套、口罩等等，非常乱，张晨曦和孙靖博两个男孩子站在那里，不知在说着什么。丫丫在弄着输液瓶，静静百无聊赖地坐在床上。这是个怎样的场景啊！于是，我来到她们身边问道：“你们玩得开心吗？”“挺开心的。”“还行吧！”“你们是在医院里吗？谁是医生？谁是病人呢？”孩子们想了想说：“在医院里应该是安静的，是整洁的。”“医生应该是给病人看病的。”我说：“非常好，我们重新整理一下，保持安静，分配好角色，要做个合格的医生哦！”孩子们异口同声地回答：“好。”在重新整理后，孩子们认真地玩了起来。

《3~6岁幼儿学习与发展指南》里提出“幼儿的学习是以直接经验为基础，在游戏和日常生活中进行的”。因此，我们应该创设丰富、具有教育价值的环境，并引导幼儿在环境中通过有深度的角色扮演初步了解社会，学会与人交往，从而满足幼儿社会性发展的需要。

现在的“儿童医院”里，有认认真真工作的医生和护士，还有“弱不禁风”的病人，仿佛是一所真正的医院，孩子们在这里获得了生活经验，感受着游戏的快乐。

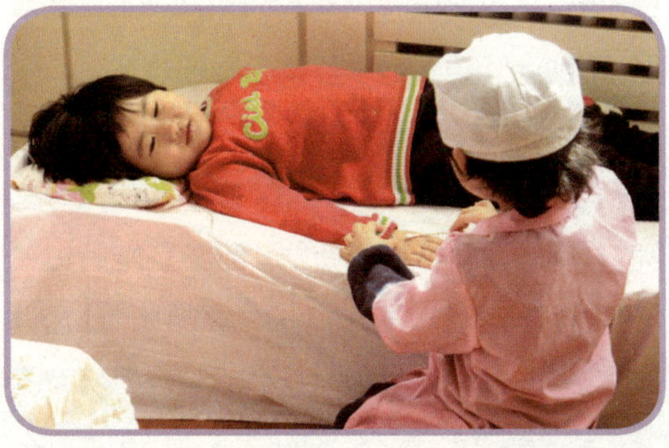

娃娃家中小厨房

王衍

升入中班以后，我发现孩子们在娃娃家里玩的时候，对小厨房特别感兴趣，结合我们正在进行的“好吃的食物”主题活动，我想能不能把娃娃家里的“小厨房”拓展一下呢？通过在“小厨房”活动，可以引导幼儿自主建立规则意识，培养健康的饮食习惯，学习礼貌待客，同时还可以培养幼儿初步的与人合作能力。

“混乱的小厨房”

今天是小厨房设立的第一天，活动刚刚开始，小厨房就挤满了人，除了小主人以外，餐桌旁、椅子上甚至床上都坐满了人。小主人有些忙，赶紧招待客人，小客人你一言我一语说了好多想吃的东西。小主人拿起铲子去厨房做菜，小客人好奇地跑过来围观，有的还抢过铲子亲自做起菜来……

活动结束后，我和孩子们讨论：“玩娃娃家小厨房时，你们觉得有什么问题？”

"人太多了！根本就坐不开！"

"小客人不能去做菜！"

"太乱了，吃的东西扔了一地，一点都不干净！"

我说："这些问题该怎么解决呢？"

"老师，我们应该像在其他区玩一样，制定一些规则！"王丫丫一本正经地说。

"噢，大家说说看，应该制定哪些规则呢？"

"人不能太多！今天人太多了，人多了玩

小客人：在餐桌处就餐，不能进入厨房。

小厨房的物品摆放具体要求：

第一层浅色边盘子摆放水果（如苹果、葡萄等）；

第二层深色边盘子摆蔬菜（如土豆等）；

第三层摆放主食（米饭、包子）、甜点、蛋类和肉类；

第四层前摆放动物宝宝（如小猪、小猴等）；

第四层后摆放各种面包。

不好！"

"东西要摆放整齐！"

"吃东西时要安静。"

"说话要有礼貌。"

很快，娃娃家小厨房的游戏规则就讨论通过了：

小主人：两名，招待客人，为客人做菜，上菜，收拾餐桌。

第二天的游戏开始了，小主人、小客人分工明确，活动非常有序。

可是过了几天，又有新的问题出现了：小客人说桌子不好看；小主人发现自己做饭的时候没有围裙、帽子；操作区的东西太多太乱。为了营造温馨愉快的餐厅氛围，我更换了台布、桌布、椅套、衣柜套，又为小主人提供了围裙、帽子、取食品的小竹筐，以及收放炊具的柜子等。

“只吃肉不行”

今天的娃娃家有六个小朋友：四个小客人，两个小主人。两个小主人要针对不同的客人给他们做吃的。席悦航说：“我不喜欢吃菜，就喜欢吃肉！给我鸡腿！给我鸡腿！”小主人王烯瑶说：“只吃肉不行，妈妈说肉吃多了不健康，吃一只鸡腿就够了。”“那我吃鸡蛋吧，鸡蛋我也爱吃！”席悦航又说。“鸡蛋也不用吃太多！一天吃一个就够了。”小主人王烯瑶回答他。

为了进一步引领幼儿科学合理地搭配饮食结构，结合“好吃的食物”主题活动，在娃娃家小厨房中，我和孩子们共同创设了“食物金字塔”主题环境，直观形象地提醒着小朋友在招待客人时什么应该多吃，什么应该少吃。这样的知识也会映射到孩子的日常生活中，让他们知道饮食要合理均衡。

“争做文明小客人”

今天的小客人滕吉轩在小厨房做客时，很兴奋，到处乱翻，还把小主人给他做的食物都倒在了地上。活动区总结时，小主人袁乐轩非常不高兴：“你怎么把菜撒了一地！”“我吃完了，盘子就不能有菜了！”“你还乱翻我的东西！”“我就是想好好看看！”

“滕吉轩这样做客对不对呢？为什么？”“怎样做才是受欢迎的客人呢？”我问道。孩子们都认真地表达了自己的想法。经过讨论，最后大家一致认为，去别人家做客不能乱翻主人的东西，饭菜吃完了要帮助小主人把桌子收拾干净，剩下的食物要用小竹筐送回食品柜里去，离开时要对主人说谢谢！等等，为了鼓励文明做客，凡是在小厨房文明做客的小客人，可以得到小主人发放的一张笑脸小贴纸。

“胡萝卜最好要熟吃”

张印琪小朋友抱着她的兔宝宝来做客了。小主人李书瑶热情地招待他们：“我给小兔宝宝煎鸡蛋吃吧！”“兔宝宝不爱吃鸡蛋！”王烯瑶小主人说道。“对！我的兔宝宝爱吃胡萝卜！”张印琪小客人回答她。“那我去给它取胡萝卜，拌胡萝卜丝吧！” 张印琪说：“我妈妈说胡萝卜是脂溶性蔬菜，要做熟了吃才有营养。” “好，我去给兔宝宝切胡萝卜，给它炒胡萝卜片吃！”李书瑶小主人开心地去切胡萝卜，王烯瑶小主人准备锅和铲子给兔宝宝炒胡萝卜啦！

娃娃家小厨房俨然是班级中社会交往的小窗口，为了帮孩子们更准确地体验游戏角色、制定游戏规则，我只是以参与者的身份与孩子们交流、玩耍，引导他们自行发现问题、解决问题。娃娃家小厨房的创设拓展了幼儿的生活经验，促进了幼儿之间的信息交流，帮助幼儿认识日常的饮食结构，了解不同食物的营养，同时学习使用各种用具，学会礼貌待客，文明进餐。

娃娃家中小厨房，孩子生活中的大社会。

你的家 我的家

李然

建构活动是幼儿根据自己的水平、兴趣和需要来选择材料进行个别性或小组性的操作活动。班级里的建构区就是孩子们非常喜欢的区域活动之一。

三月份我们中班的主题活动是"你的家，我的家"，结合主题，我给孩子们提出了新的构建任务——搭建"我家的小区"。在建构区里，我搜集了许多特点明显的房子图片，还有用积木搭建的城堡和大型建筑群图片。孩子们可以根据自己家所在小区的特点和自己的想象进行规划、布局和创造性地搭建。在孩子们找不到灵感的时候，也可以按照图片去模仿搭建，这也为想象力、创造力差的孩子提供能力提升的机会，帮助他们找到自信。

每次活动结束，我和孩子们就会利用小结时间参观搭建好的作品，鼓励创意好的小朋友，同时也为孩子们提供了互相学习的机会。开始的时候，建构区的材料还比较单一，只有一些积木。有一天，我和孩子们在一起商量怎样才能让我们搭建的房子更漂亮的时候，青麟指着班里的一盆爱心草说：

"老师，我们家的小区里就有这个爱心草，叶子和咱们班的这盆是一样的。"

"那你们小区还有什么？"我接着问道。

"我们小区还有一大片草坪，我最喜欢在草坪上打滚，夏天的时候，草坪上的水龙头还会喷水，我就在那里洗澡。"

孩子们听了都哈哈大笑起来。

"老师，前两天我们小区的两棵大树的树枝被砍断了，还在砍断的地方抹上了红色的油漆，妈妈说那是保护大树的一种

方法。”

“我们小区还有健身器材呢。能荡秋千，能压跷跷板，还能跑步呢。”

孩子们开始热烈地讨论起来。

“要是我们搭的房子周围也有这些就好了！”

可是，到哪儿去弄这些东西呢？

沫沫说：“我家有玩具大树，我可以带到幼儿园里来。”

丁丁说：“我家还有玩具小花，我也可以带来。”

琦琦说：“老师，我们也可以自己做一些吧，我会做小花。”

“好啊！我们要怎么做呢？”我问道。

“老师，手工区有彩纸，还有剪刀、胶水，我们在手工区做好啦！做完了送给建构区的小朋友！”正在美工区活动的孩子们说道。

“嗯，是个好主意。美工区的小朋友愿意吗？”

“没问题！”美工区的小朋友拍着胸脯说道。

于是，从第二天开始，美工区的小朋友们开始忙起来了，他们负责提供花、草、树、木等辅助材料，建构区的小朋友负责认真地规划和构建。

又到了点评时间，当我夸赞建构区的小朋友“小区”搭建得既美观又漂亮的时候，美工区的小朋友也自豪地说：“那些草地都是我们做的，老师你看草地上还有盛开的小花呢！”

“是呀，真好看。有了花草树木的小区环境更美了，有了绿色的植物空气也会特别清新，大家都喜欢到这样的小区里来居住。”

一个星期以后，孩子们还从家里搜集了各种车辆、玩具小人，还有玩具小动物、栅栏等材料带到班级里来。随着建构材料的不断丰富，孩子们的想象力和创造力也有了很大的提高，搭建出来的建筑风格也是五花八门、形形色色。活动结束以后，孩子们的作品就完整地立在建构区里，我会请“小建筑师们”为大家介绍自己搭建的房子和小区的整体布局，这样也提高了孩子们的语言表达能力、逻辑思维能力和敢于在大家面前表达自己想法的能力，增强了幼儿的自信心。

活动反思：

建构区是一个综合性极强的区域，除了要充分发挥幼儿的动手能力、创造能力和想象力之外，建构区还需要幼儿之间的协商和合作，幼儿的建构作品又是触发幼儿之间进行角色游戏的重要契机，还为班级内各区域的互动搭建了平台。当在建构区遇到需要解决的问题时，教师只要提出问题，幼儿就可以提出各种解决问题的方案来，这样还增强了幼儿解决问题的能力。在搭建自己家小区的活动中，建构区内的建筑图片，为幼儿开阔了视野，也为其建构活动提供了参考。

教师可以根据主题教学活动，适时地更换建构任务和建构材料，不断满足幼儿的学习与发展需要，使幼儿乐于参与富有想象和创造的建构活动，让幼儿在建构活动中百玩不厌，尽情享受建构活动带来的乐趣。

纸杯叠叠乐

李庆贺

“玩”是幼儿的天性和本能，是幼儿的生活方式，而我们的科学文化乐园是幼儿园生活中最好“玩”的活动区。我们在这里根据幼儿的发展现状和发展目标创设了丰富有趣、具有多样性的学习环境，孩子们都喜欢到科学乐园来活动，尤其是男孩子，每次来这里都留恋不已。

案例一：纸杯叠叠乐

月初，我们投放了很多种需两人合作操作的材料，如双人跳棋、拆墙游戏、水的转移、小熊的平衡叠叠乐等等。

活动刚刚开始，几个孩子为了并不了解的叠叠乐游戏争得面红耳赤。作为和平使者的我就在不远处“观战”。“我先看到的！”“是我先拿到的！”“不对，是她先拿到的。”在争论声中飞飞吹响了和平的号角，“我告诉老师去。”大家立刻停止了争吵，一齐把目光转移到我的身上。

“怎么回事？”我问。

“我先看到的！”“是我先拿到的！”“不对，是她先拿到的。”又是重复的争论……

“你们几个谁会玩？”我问。

“我就是想看一看，现在还不会。”木木说。

“那就是都想知道怎么玩了？”我接着问。

孩子们都频频点头。我想：哦！原来是这样，那就好办了。虽然在我们的活动区内幼儿享有自主权，幼儿对玩什么、怎么玩、与谁一起玩、用什么玩等有着极大的自由度，但是这次争论影响了活动秩序，也影响了

活动质量，不过也是很好的教育契机。“大家说说看，怎样解决更合理呢？”孩子们有的说猜拳，谁赢谁先玩，还有的孩子自动退出，干脆就选择其他玩具了。

讨论过后，我又问：

“你们知道怎么玩吗？”

“知道！就是搭高楼呀？”孩子们看了墙上的流程图说。

“那么，先从哪里搭起呢？还有没有新玩法呢？”我追问道。

大家都直摇头。于是我的地盘我做主，我让刚刚几个争论的孩子一起参与开发这个玩具的玩法。除了堆高还能有什么玩法？怎么玩？讨论之后与大家分享。

时间很快过去了，5分钟……7分钟……“老师，我们会玩了。”一组幼儿完成了一种玩法。

“老师，我们玩的和他们不一样。”另一组幼儿也成功尝试出另一种玩法。

就这样孩子们讨论得很热烈，他们用一种材料创造了多种玩法，如：3个纸杯做着力点的连续堆高、2个纸杯做着力点的堆高等。接着，我又和孩子们尝试更难的一种玩法——组合搭建，孩子们在尝试操作、比较的同时也进行更深入的探索。在操作中孩子们也渐渐地学会了等待、谦让和宽容。

案例二：拼一拼，组一组

上午大区域活动中，我们科学乐园新增了“拼一拼，组一组”的小小活动区。人数有限，每次只能进两个小朋友，大家都兴趣十足，争取能有进区的机会。“太好了，我能来玩了。”暖暖搬着小椅子一边走向拼拼组组区域一边高兴地说着。

我在创想空间，边指导孩子们做美术作品，边观察着暖暖。首先，她选了几个长方形积木做底，在积木的圆洞处插了几根圆柱做支柱，再在上面套插了不同颜色的长方形。当她开始插一个绿色积木时，左摆摆，右看看，犹豫了起来。我觉得好奇，继续看下去。只见她将绿色长方形积木一端插入圆柱中，手握着另一端上下移动。哦，我明白了，原来绿色的长方形积木，比其他的要长一块，如果按之前的方法插入，会不对称，影响了整体效果。暖暖把另一端移向长方形的对角处，看样子她是想以对角的方式插入，但还是不行，又短了一块。怎么办呢？只见她停顿了一会儿，又尝试着操作起来，她把那块绿色积木按原来计划的那样插在支柱上，使多出的一块露在外面，紧接着，她又拿起一块与绿色积木长度相同的积木，与绿色积木呈相反的方向插入对面的圆柱上面。这样一来，虽然与下面的积木不对称，但是这两块“特殊”的积木，却使她设计的小建筑显得与众不同，看样子她也很满意，脸上露出了满足的微笑。

科学区的活动就是让幼儿通过与环境互动，在游戏中大胆实践，尝试自己发现问题、解决问题，以此训练幼儿的多维度思维，帮助他们丰富经验并体验成功的喜悦。

温馨花艺坊

张静

中国的插花艺术历史悠久，博大精深，是中国传统文化中最优美的古典艺术之一。今天，伴随着物质文化水平的提高，插花艺术已经成为人们生活的一种精神需求。幼儿也是非常喜欢花的，他们经常画它，唱它，抚摸它，摆弄它，这是幼儿“爱美”情感的自然流露。

我受花店里艺术插花的启发，在我们班的生活乐园里创设了“花艺坊”，幼儿可以根据自己的兴趣创造性地进行插花活动。在花艺坊里我为幼儿提供了各种不同颜色、不同大小的花束，还有各种不同形状、不同大小的花瓶。墙上贴有插花的流程图，为幼儿自主活动提供帮助。幼儿初次尝试，我及时提醒他们按需要选取材料，按流程图操作。在插好花后，再和他们一起欣赏，找出不足之处并及时修改，最后幼儿会把自己的作品画下来，放在作业夹里保存。

案例一：按图取材

插花贴近幼儿的生活，因此很多幼儿都喜欢来花艺坊工作。今天也不例外，他们都各自忙着手中的工作，花瓶、各种花束摆满了桌子，几名幼儿胡乱地拿起花束插在花瓶里，感觉不合适又随手扔到桌子上，桌面被弄得一片狼藉。看到这种状况，我告诉他们，可以先想象一下自己需要哪种形状的花瓶，需要插什么颜色、哪种类型的花朵，然后按照自己的想法再去托盘里取花，这样桌面就不会混乱了。孩子们听了我的话觉得很有道理，收拾好桌面后，开始坐在椅子上苦思冥想，可是过了好长时间，他们还是坐在那儿一动不动。

于是我问他们："还没有想好吗？"

美妮说："老师，我们感觉刚想好，可是还没等站起来就忘了。"

我说："那怎么办呢？"

鹏鹏马上回答说："老师，我们可以把想好的先画下来吗？"我点头表示赞成。

他们开始按顺序在纸上画需要的花瓶、花朵，画好后，再按图去教具柜中选取材料。我惊奇地发现，他们很快而且很有秩序地就完成了插花工作。从此以后，每次在插花前，我都会让他们先画设计图，然后再按设计图进行插花。有了这个过程，孩子们在插花的时候再也不会无所适从了。

案例二：收取订单

3月8日"妇女节"这天，孩子们像往常一样在各自的区域工作着。这时，琪琪举手叫我过去一下。

她说："老师，我想送妈妈一瓶花，可是今天我没能选到花艺坊的工作，不能亲自插花，怎么办啊？"

我说："那你是想让花艺坊的小朋友帮忙吗？"

她听我这样说马上回答道："以前我爸爸给花店打电话订好花，我们去拿就行了。"

我一听真是个好主意，花艺坊又有新的玩法了。于是我继续问她："你要送什么花给妈妈呢？"

她想了想说："花瓶要白色带花纹的，花要粉色的，因为妈妈最喜欢粉色了。"

她说完后我故意重复说："花瓶要粉色的，花要白色的对吗？"她马上很着急地纠正道："不是瓶是白色带花纹的，花是粉的。"我告诉她最好先把自己的要求画下来，这样花艺师就会完全按图纸插花了。由于她以前在花艺坊工作过，所以很快就画好了设计图。我把设计图拿给花艺坊的孩子，告诉他们有顾客要订花，他们特别兴奋，都争着去给顾客插花。这样一来，幼儿工作的热情更高了。

从此以后，花艺坊又有了新的业务，需要订花的小顾客可以用画图的方式订花，花艺师们会按照小顾客的要求插花。这样，更增加了花艺坊工作的趣味性，也促进了各区域之间的沟通和交流。

活动反思：

作为教师，我们要依据一定的生活经验创设区角活动，在幼儿与环境互动的过程中，仔细观察、认真发现他们在实际操作中的细小问题，并根据需求及时添加新的工作环节。这样，幼儿参与活动的积极性、主动性就会大大提高，也会更多地体验到活动的快乐。

快乐娃娃家

张娜

新学期，我们班迎来了一群天真烂漫、无拘无束的新入园的孩子。他们年龄小，有较强的亲子依恋情结，尤其是从一个熟悉的小家来到一个陌生的大家庭，不免有焦虑、胆怯心理，为了让孩子们更快地适应幼儿园的生活，我们创设了温馨可爱的“娃娃家”。

一、娃娃家的创设

在娃娃家空间位置的选择上，我首先考虑到幼儿的归属感，以满足幼儿获得安全感的需要，减少幼儿入园的情绪波动。所以我选择了教室的一角，两面靠墙，光线很好，是一个相对安静、独立的空间。

考虑到娃娃家就是一个家庭的“微景观”，如若我们不能把它布置得温馨、惬意，又怎能让幼儿体会到家的温暖呢？在这个有限的空间内，要想营造出家的氛围，需要在合理布局的基础上体现实用和美观。

为了让娃娃家看起来有序、整体、不拥挤，我将其中划分为卧室、客厅、厨房和餐厅，并且按照幼儿的生活经验，将卧室和餐厅隔离开。首先，我利用了多功能木质围栏，来做娃娃家的两边围墙，这个围墙有圆洞洞作为进出口，满足了幼儿喜欢钻洞、喜欢探究的天性，幼儿觉得很新奇，大大提高了对娃娃家的兴趣；其次，我选择了淡粉色系的地垫铺满整个娃娃家，用纱帘做了整个娃娃家的背景，让这个“家”看起来格外温馨、舒适。为了体现细节，我还用漂亮的花布做了床品，给娃娃精心制作了小衣服，并开展了很多丰富他们生活经验的活动。如切水果、制作早餐、包包子、煎蛋等等。幼儿在娃娃家里自由自在地模仿家人的活动，从而迈出他们角色游戏的第一步。

案例一：兴趣

当娃娃家呈现在孩子们面前时，他们大呼小叫地讨论开了：“老师，这个娃娃家从哪儿进去呀？”我微笑着，让他们自己寻找答案。杜昀泽指着那个圆洞洞说：“不会是从这爬进去吧？”话音未落，孩子们都要往里面爬。我赶紧制止，说：“娃娃家的小主人是要最懂礼貌的孩子来当的！”听我这么说，孩子们领会了我的意思，都安静了下来，坐在小椅子上，做起了彬彬有礼的小朋友。看来大家都想进去，于是我请了一名看上去最有“礼貌”的小朋友进到娃娃家，并且将娃娃家里所有的设施向小朋友做了介绍。在他介绍的时候，我看到其他的孩子，早已经迫不及待了。瞪着渴望的眼睛不停地说："老师，我也想进去，我也想进去……"我想，最起码这个娃娃家确实是把孩子们的兴趣提起来了，从这一点来看，我就迈出了成功的第一步。

由此可见，兴趣是孩子认知世界的动力，它也是一种基本的情绪状态，可以驱使孩子们去行动。培养幼儿兴趣的首要因素就是环境创设，也是幼儿园教育的首要任务。

二、娃娃家材料的投放

幼儿操作游戏材料的过程就是获得信息的过程，他们会按照自身的发展水平通过游戏活动来理解游戏材料中蕴含的信息。所以，丰富的游戏材料是发展幼儿思维和想象力的有效途径。娃娃家的游戏都是自由的，因此，在这里幼儿可以自由地表现和发挥，教师不能总在一旁指导，所以在材料的投放上我注意做到以下几点。

（一）材料投放的安全性

由于小班初期幼儿的年龄特点，会出现真实与虚拟不分，比如咬塑料做的水果、吃硅胶做的肉块，对任何东西都十分好奇，

都想去闻闻、咬咬、摸摸，没有一点自我保护意识，很容易出意外。因此，我在投放材料的时候都充分考虑到材料本身的安全隐患，尽量避免尖锐的、细小的物品。

（二）材料投放的趣味性

根据小班幼儿的年龄特点，我在投放材料上力求色彩鲜艳、形象直观，这样在感官上就对幼儿有了吸引力，很容易引起他们的兴趣。

（三）材料投放的可操作性

小班幼儿工作的目的性不强，只注重操作过程，喜欢敲敲、打打、切切、拼拼等单纯操作的活动。因此，区域材料应充分体现操作性，务必让幼儿动手摆一摆、试一试，使幼儿在摆弄过程中获得发展。

（四）材料投放的层次性

为了使每个幼儿都能在适合自己的认知范围内得到发展，我在提供操作材料时格外注意了层次性。但材料的分层也不宜太多、太杂，两到三个层次就可以了，如“喂娃娃”的工作，能力弱的幼儿可以用勺子舀小木珠子喂娃娃；能力强的幼儿则可以试着

用筷子夹软的包子、饺子等喂娃娃。在满足幼儿游戏和发展需要的同时，体现材料的层次性，不仅能激发幼儿学习的主动性和积极性，还能让每个幼儿体验成功的喜悦。

案例二：娃娃家真热闹

今天，有6名幼儿进到娃娃家来游戏。我看到，这几个孩子，都在认真地工作，有在卧室化妆的；还有个孩子抱着娃娃坐在床边和化妆的孩子在聊天。我很好奇她们在说什么，于是走近了些便听见："妈妈，你在涂口红吗？真漂亮！你再把发卡戴上，就更漂亮了！""嗯，是吗？我一会儿再把头发吹一吹！"我不禁笑了，怕影响她们，便马上离开了。沙发上"爸爸"在看书，看得很认真呢！再看厨房，心怡在像模像样地做饭呢，锅里放了菜，时不时地倒点调料，还夹起来假装尝一尝，然后她就笑了，看来味道很好哦！再看看餐厅，桌子上放了好多吃的啊！有水果，有寿司，有米饭，咦？怎么还有土豆、青椒、大白菜呢？再看看坐在桌旁的两个孩子，一副很享受的样子，我就过去问他们："你们桌上的东西都是直接能吃的吗？政雨不假思索地说："是啊！"旁边的张桐仔细地看了看桌上的东西，说："土豆可能还没做熟呢，还有大白菜还没剥开洗呢……"我说："那你们可不能吃生的菜哦，要赶紧把生菜送回厨房，等厨师做好了才能吃啊！"于是，他俩筛选了桌上的菜，将不能直接吃的都送回了厨房的橱柜里。我想，娃娃家真是个适合小班幼儿玩儿的区域，这里不仅让他们丰富了生活经验，提高了生活能力，还促进了幼儿社会性的发展。可以说，幼儿在娃娃家中的玩耍是他们成长过程中不可或缺的一个重要过程。

当我看到孩子们充满天真、满足的笑脸，我感到无比欣慰，因为娃娃家从布局到投放材料，我真的是用心良苦，为的就是让孩子们能够投入地去玩儿、去感受游戏的快乐。作为老师，我想，最大的成感也就莫过于此了。

三、娃娃家的合理利用

在幼儿园这个大的环境中，所有的一切都可以为幼儿提供教育契机，因此我们老师要善于利用墙壁、地面乃至各种空间资源，为幼儿发挥想象与创造提供有效的场地，随时随地提醒幼儿，使他们在潜移默化中得到锻炼和提高。如：开学初，娃娃家墙面就可以设计一棵亲情树，将幼儿与家人的合影张贴在亲情树上，幼儿在陌生的环境中看到亲人，势必能缓解因与家人分离而产生的焦虑情绪。另外，我为幼儿提供的材料都是形象逼真的仿真家具，这样，他们的游戏更加生活化。小班幼儿的年龄特点决定他们对玩具的依赖性，他们看到什么玩具就会想到什么游戏，所以在小班娃娃家为幼儿提供丰富、形象的玩具显得尤为重要，再加上玩具的合理利用，就非常有利于娃娃家游戏的开展。

案例三：你争我抢的娃娃家

每天早上，孩子们来到幼儿园就取玩偶，挂在自己喜欢的区域门口，然后再进入到

区域中游戏。于是，娃娃家成了勤快孩子的“专利”了，而来的相对晚一些的孩子只能看着娃娃家门口挂满的玩偶走来走去，一副无所事事的样子。于是我就引导他们去别的区域游戏，虽然他们答应了，但仍然显得很遗憾。所以，每天早上孩子们都来得特别早，可是娃娃家的名额有限，总有不能如愿的孩子，就像今天新智走过来撅着小嘴说：“老师，我今天来得很早了，可是还是让别的小朋友抢先了。”看着他失落的样子，我得赶紧想一个解决办法。有了，我想在每天离园前选出几名第二天去娃娃家游戏的人选，能被选上的一定是这一天中表现优秀的孩子。尤其是刚刚过了十一长假，孩子们的有些松懈，这一决定一推出，不但班级的常规有所改善，连早上哄抢选娃娃家的现象也不见了，真是一箭双雕啊！

我们在实施教育的过程中，总会遇到大大小小的问题，并且有的时候想象总会与现实发生冲突，当遇到问题时，我们就需要静下心来想出一个好的办法来解决，所以，幼儿教师要善于动脑，抓住幼儿的年龄特点，因材施教。

四、私密空间的创设

孩子们在度过了新入园的焦虑期，逐渐适应了幼儿园的生活，并且熟悉了小伙伴之后，我发现总有一些孩子会躲进卫生间或者是活动室的某个角落窃窃私语，而一些性格内向的孩子总是抱着个小玩具坐在椅子上，不喜欢参与任何活动。于是我想在创设娃娃家的基础上，在它的旁边创设一个“私密空间”，让孩子们有一个可以尽情地展现自我的地方。于是我购置了两个童趣化的布制小房子，每间房子里都放了很多毛绒玩具，有小娃娃和小动物。害羞、内向的孩子，由于娃娃家里人太多，不好意思进入角色游戏，现在就可以进到“小房子”里，放松自己，尽情地表演了。

总之，娃娃家作为班级区角环境的一部分，在丰富幼儿生活经验、开发幼儿智力和促进幼儿个性发展等方面起着积极的促进作用，我会为了他们的进步继续努力，让每个幼儿都能够在有限的童年时光里快乐地成长。

“美食街”里的小故事

任玉娟

大班幼儿即将步入小学，为了提升他们的自理能力，锻炼他们与人交往及解决问题的能力，本班在生活区中开展了“美食街”系列活动。

对于大班幼儿来说，他们已不再满足于角色的扮演和货品的直接出售，而开始关注有关食品制作等更深层次的问题，比如：“美食街”菜谱的制定、美食拼盘的形式、鲜榨果汁的配制、餐厅桌椅的摆放、商品的定价等等。围绕这些问题，我和他们一起商讨、策划，并且不断尝试解决遇到的新问题……随着游戏的不断深入，孩子们在尝试、探究的过程中，锻炼了动手能力，学会了合作、创新，体验到了为他人服务的快乐。

案例一：制订菜谱

为了提高幼儿参与活动的积极性，我们开始一起制订菜谱。我为幼儿提供了很多选

项及流程，一起研究制作过程，看看哪些适合孩子们动手制作。但在食谱的选择上出现了意见分歧。“怎样才能制订出我们都认可的菜谱呢？”“老师，咱们来投票吧？”洋洋说道。“对，对，投票吧！”其余幼儿应和着。于是，我们进行投票筛选。经过投票，菜谱的选择确定下来了。

案例二：给商品定价

制订好菜谱，接下来就要面临如何给食品定价了。可是定价时幼儿遇到了问题：制订价格的标准是什么？有的幼儿说：“我们按照食材的价格，贵的价格就高呗。”“可是我们也不知道它们的价格啊！”小雨说道。“对啊，那可怎么办啊？”他们议论着。“那我们看看每种食物制作的方法一样吗？”我说。“方法？不一样。”有人说。“那它们制作的流程也就不一样了，我们能不能按照步骤的多少来定价呢？”我说。“哇！老师，你太聪明了！我怎么就没有想到呢！”一鸣说。“对，就这样，步骤多的咱们就价格高，步骤少的就价格低。”就这样，我们的意见愉快地达成了一致。

案例三：大家一起榨果汁

幼儿选择好新鲜水果后，将进行今天的榨果汁活动。经过我的展示，幼儿了解了果汁的制作过程，学会了榨汁机的使用。接下来尝试自己动手榨果汁，在小厨师们的通力合作下榨汁成功。顾客上门，服务员开始忙碌起来。

过了一会儿，有顾客反映说：“你家的橘子汁味道怎么不一样呢？”服务员急忙来品尝，发现两次榨出的橘子汁味道真的不一样。发现这一问题，大家都着急了，到底怎么回事呢？他们把这些问题都怪到了负责榨汁的小厨师身上。了解了事情的经过后，我说：“没关系，咱们一起试验一下，看看问题到底出在哪里？”他们欣然答应。

针对这个问题我设计出了一张记录表，让小厨师们记录每一次水的投入量、水果的投入个数以及出汁总量。小厨师分工协作，开始做试验。很快三组试验完成了，接下来开始观察、品尝这三组果汁。最后大家投票选出了最好喝的果汁，我们一致决定将这一配比作为橘子汁的榨汁秘方。

通过制作并分享美味的果汁，丰富了幼儿的生活经验，引领幼儿发现投入水果的多少与出汁量的正比例关系，同时感受到科技小家电给人们生活带来的便捷。

案例四：老板，可以外卖吗

“美食街”的食品不断地推陈出新，孩子们都特别兴奋。有一天，一个小顾客吃完食品后离开了美食街，不一会儿又回来了，很犹豫的样子。我走过去问：“您好，请问有什么可以帮到您吗？”“嗯……我想给我的老师带一份‘美食街’的美食，行不行？”他不好意思地说。我还没说话，他急忙又说：“老板，我有钱。”“嗯，你的建议非常好哦！我可以考虑发展外卖。可是，现在暂时不能外卖，实在抱歉，不过明天你可以带老师过来品尝。”他点点头说：“那好吧。”

每天都会有不同的幼儿到美食街来担任厨师、售货员、服务员的角色；每天都会有顾客光临“美食街”，体验着游戏的乐趣；每天都有精美的食品（饮品）出现在“美食街”。

“美食街”天天都在发生着新的故事……

趣味语言区

刘晓磊

区域活动是大班幼儿乐此不疲的游戏形式之一，但相对来说比较枯燥的语言区对幼儿的吸引力要弱一些，怎样才能让幼儿更喜欢语言区的活动呢？为此我们从点滴开始，以游戏的形式让幼儿在情境中快乐地学习。

一、“找书也快乐”

“快乐书吧”是为孩子们开设的阅读区域，是孩子们静下心来读书的好去处。把阅读活动有机地融入区域活动，将会有效提高幼儿的阅读质量。在活动初期我的阅读区环境是这样创设的：书架上陈列若干图文并茂的幼儿读物，这样的布置通常会维持相当长的时间，致使很多孩子们认为好看的书、孩子们带来的新书也都随意散放在那里，当幼儿有需要时找起来并不方便，总会到处翻找。

今天“书吧”传来了这样的声音，徐新皓问阳阳：“谭茗阳，刚刚你看的那本书在哪里？”阳阳说：“我已经放回去了？”“怎么找不到了呢？”“就在书架上呢。”阳阳说完便过去帮他找，找了好半天才找到。马千跃是我们班里最喜欢看书的孩子，她经常给我们带来最近她在家看过的好看的书和大家一起分享。魏茗含今天又问了一次：“马千跃，你的那本书叫什么名字？在哪里放着呢？我想看看！”千跃起身帮她才在书架上找到那本书。看来在小书架上找本书有时还真不容易，怎样改变这种状况呢？我在和孩子们讨论后一起创设了“我喜欢的书”、“新书推荐”、“趣味科学书”、“手工书”几个放书新区域，孩子们每隔3天调整一次新开设的书籍摆放区，这样一来，孩子们既能方便地找到自己喜欢的书籍，又提升了他们参与语言区活动的兴趣，让孩子们自主选择、快乐阅读。

二、“小画家”的蜕变

裴泽慧问：“兰悦嘉，你能帮我画一个你刚才画的那样的娃娃吗？”嘉嘉走过来帮助她画了起来。兰悦嘉喜欢画画，看她的画总是觉得很有看点，但是她不善于表达，怎样才能让这个“小画家”也喜欢表达呢？

最近几天我在“小喇叭广播”里为孩子们提供一些废旧图书和画报，让他们做“小编辑”，自编图书，通过剪剪、贴贴和讲讲，孩子们会从中体会到学做“小编辑”的快乐和自豪。此外，还可以为孩子提供一些卡片，让幼儿在学会观察的基础上，编述故事，同时提示幼儿，小编辑还可以摇身变成“小主播”哦！幼儿可以坐在播音室里，把自编的小故事播给大家听；同时针对胆子小的幼儿我们利用区角内的录音机录下他自己编述的故事，然后放给小伙伴听，既锻炼了幼儿勇于表达的能力，又培养了幼儿的自信心。兰悦嘉通过先利用录音机来播放自己创编的故事，慢慢地就敢于在小朋友面前大胆讲述了。趁热打铁，我又增添了“我是故事大王”专栏，这样孩子们的参与性就更高了。

活动反思：

在区域活动中，为幼儿创设适合不同水平孩子的环境材料，让幼儿根据自己的兴趣点、需要和实际水平主动选择合适的活动内容，不但可以进一步满足幼儿的兴趣也可以激发出幼儿的潜能，让幼儿在玩玩乐乐、写写画画中习得经验！

“民俗乐园”趣事多

薛丽芬　黄颖

在一次关于“吃、穿、住、行”的谈话中，孩子们对“我们吃的食物是怎么来的”、“很久很久以前，穿的衣服的布料是怎么织出来的”这些问题产生了兴趣，总是问个不停，有许多疑问。我想，创设适宜的环境让幼儿在自主探究中解决问题，比直接告诉孩子答案对孩子来说更有意义。

案例一：磨玉米面的乐趣

国庆节长假期间，许多孩子到农村度假，游山览景之余，观察了农民秋收的场面，并且亲手采集了许多农作物，有金黄色的玉米，红红的高粱，沉甸甸的谷穗，饱满的大豆等。孩子们把这些农作物带到幼儿园里来，我在班级布置了一个秋季自然角，许多孩子围过来观看，七嘴八舌地议论着，不知道这些农作物是干什么用的。

针对孩子们的疑问，为了满足他们的好奇心和探究欲望，我们创设了“民间制作坊”这个区域，并在里面安放了一台小石磨，等待着孩子们去探索。一天，盛晴和靖皓他俩到自然角选了一根玉米，盛晴用手使劲往下剥玉米粒，一粒一粒地送进石磨的入口内，靖皓推起了石磨，一圈一圈地转起来，磨了一会，什么也没有磨出来。他俩很纳闷，感觉没意思，想走开到其他区域里去。我见状赶紧走过来对他们说：“你们好好想一想，为什么没有磨出东西来呢？”盛晴说：“我们不知道，老师你帮帮我们吧！”我问：“你们放了多少玉米粒？”他们举起玉米给我看，我一看玉米上只少了几颗玉米粒。我提醒他们：“多放点玉米粒，你们再试一试。”于是靖皓和盛晴每人拿了一个大玉米，一起往下剥玉米粒，在入口放进了许多玉米粒后，他俩又轮换着转起了石磨，过了一会儿，果然有黄色的面粉稀稀拉拉的从石磨缝隙里流出来。他俩高兴地叫起来，“磨出面来了！”他俩这么一喊，引来了许多小朋友围观，有的帮忙剥玉米粒，有的帮忙推石磨，玉米面磨得越来越多了，有细心的小女孩把玉米面用小扫帚扫进小盆里。活动快结束的时候，尹航小朋友说：“我们磨了这么多玉米面干什么用呢？”凝凝说：“送到食堂做饭吧。”高喆说：“也可以送给

农村的奶奶喂鸡。”李祎说：“我们还是做粥吧。”孩子们一听都同意了这个建议，因为在幼儿园他们也喝过玉米面粥，于是我们把孩子们亲手磨出来的玉米面送到食堂，请炊事员叔叔为孩子们做了香甜的玉米面粥，品尝着自己的劳动成果，孩子们的脸上都露出了笑容。

此后，每天都有幼儿在“民间制作坊”里磨玉米面，积攒了许多后，我和孩子们共同制作了“玉米面饼”、“玉米面发糕”等食品。孩子们在收玉米、搓玉米、磨玉米、做食物的过程中感受到了食品从生到熟的繁琐过程，感悟到不浪费食物的丰富内涵，同时体验到成功的喜悦！

案例二：快乐的织布女孩

在"民俗文化乐园"中，我投放了简易织布机，通过幼儿的亲手操作，了解织布的过程。

刚开始时，孩子们既不认识织布机，也不了解它的功能，看到我展示了织布的方法以后，孩子们直摇头，谁也不愿意尝试。看到孩子们的反应，我想应该先叫一个心灵手巧的小女孩来练习一下。于是我用鼓励的语气说："然然，你的小手最能干，老师教你，你来试一试。"然然有些紧张地坐下来，我手把手地教她织布，右手拿线梭子一上一下地穿线，穿到左边以后，再用左手拿线梭子在经线上一下一上地穿线，用左手穿线时孩子很费力气，可是由于然然的用心和努力，终于织完了两行。这时我看到琪琪小朋友也跃跃欲试，于是我也把她叫过来做了一番示范，然后她拿起梭子就织了起来，织了两行以后我让她停下来看一看织出来的结果，只见织布机上的线穿得乱七八糟，于是我让大家一起分析一下琪琪织布时的方法存在什么问题。大家经过分析得出结论：原来上一行在上面的经线在下一行时应该穿在下面，而上一行在下面的经线应该在下一行时穿在上面。找到了这个规律以后，大家都松了一口气，有的说"原来织布也不是很难呀。"之后的几天里，都会有小朋友争着来织布，但由于是第一次尝试织布，有的小朋友总是出错，我帮完了这个又帮那个，忙得不亦乐乎！

这时然然和琪琪就主动过来说："老师，我们已经学会了，可以教其他小朋友织布吗？"我说："当然可以呀，从现在开始你们两个就是小老师了！”在以后的区域活动中，有了然然和琪琪的帮助，我轻松了不少。当有的小朋友不会穿线时，然然就会手把手地教她穿线；当有的粗心的小男孩出现错误的时候，琪琪就帮助他修改过来，并耐心教授织布技巧。在她俩的帮助下，果然教会了一些小朋友织布，大家称她俩是快乐的织布女孩！

当我把孩子们织好的一块块布接成一条长长的花布时，孩子们都露出惊喜的表情，并大声欢呼："我们也能织布了！"

织布对幼儿来说虽然有一定的难度，但是孩子们非常喜欢这项活动，他们在练习织布的过程中，培养了专注力和动手操作的能力，在体验织布机的功能的同时也收获了劳动的果实！

指着小鱼的样品说，“老师这个怎么做？”于是我利用黑板画了网格，给他们讲解怎么数格子，怎样排号，从哪个眼儿上，从哪个眼儿下，讲完后文文说要试试。本以为说得很明白了，可文文不是穿不上线就是格子数不对，弄得网格上左一个大疙瘩，右一个小疙瘩，全乱套了，令我备受打击。文文也对这个活动敬而远之了。经过反思，我又重心设计。

首先根据我平时对幼儿的了解，先找一些能力比较强的幼儿练习，等他们学会后，再带动别的幼儿学习。其次是改变方法，对于理解能力强，手指又很灵活的幼儿，我们一个一个教他们绣十字绣的方法，使他们通过努力绣出真正的十字绣。而对于那些很有兴趣，但理解能力稍弱些的幼儿，我们直接教他们单线串编，根据不同的图案，选择不同的颜色，

案例三：十字绣

在一次逛街时，我发现了大孔的十字绣鞋垫，根据大班幼儿的年龄特点，并通过对幼儿的观察，我觉得可以让他们试一试这个活动，让幼儿感受民间艺术的魅力，体验动手绣十字绣的乐趣，因此我在活动区中为幼儿投放了“十字绣”鞋垫。

当我展出漂亮的十字绣鞋垫图片及房子、树、草、小鱼等样品后，孩子们都非常感兴趣。班上的文文

进行合理搭配，也能创作出漂亮的作品。张皓琦是我们班里最聪明的小女孩，我就从教她入手。今天的区域活动，我只教她一个人，和她一起一个眼儿一个眼儿地数，数好后再一针一针地绣。绣好第一个“十字”后，第二个就让她来数，让她告诉我应该把线绣在哪个眼儿里，等到第三个“十字”时，我就把针交给她，让她自己试一试，真是功夫不负有心人，五个“十字”后，她就学会了。我便放手让她自己动手绣了。贾晟楠、杨若菡、任依然等几个小朋友在接下来的几天里也慢慢学会了。盛晴也很聪明，“十字”没学会，但老师一说单线绣她就明白了，虽然刚开始不能按规律绣，有的远、有的近，但她是第一个明白的，并完成了全班的第一幅作品。其他小朋友看着她绣，也试着绣了起来，尤其是杨双羽小朋友看了盛晴的作品后，她不但学会了，还能够在老师的提示下按规律绣，绣出的线也比较均匀。

看着孩子们一个一个地完成的十字绣作品，我的感慨颇多。当初抱着试试看的想法，开展了十字绣活动，虽然每次活动都离不开老师在旁边指导，但是孩子们绣得很专心，作品也很精细，完全不像出自6岁孩子之手。渐渐地，随着十字绣活动的展开，加入的小朋友也越来越多，孩子们的十字绣手法也越来越熟练，就连一些男孩子都学会了绣十字，这是当初我没有想到的。

通过十字绣活动，我对孩子们有了全新的认识，同时我也深刻体会到，每个孩子的潜能都是无限的，成人不要为孩子包办代替太多，我们只需为他们创设适宜的环境，让孩子从中自主探究，自由探索，孩子就会发现其中的乐趣。

好玩的秸秆

李庆贺

每个孩子都喜欢玩具，尤其喜欢千变万化的玩具。一天，在和孩子们玩拼插玩具时，忽然想起自己小时候玩过的秸秆。高粱秸秆在我们生活的地区，是很好收集的，材料环保易于拼接，造型多变，可组可拆。我灵机一动，何不将这一自然材料，带到美工区来呢？于是我发动家长收集了许多秸秆，经过处理后投放到了班级的美工区，并在小中大班根据幼儿年龄特点开展了不同的活动。

秸秆皮对于小班的孩子来说存在安全隐患，所以在小班我们的活动以粘贴秸秆瓤为主。老师将秸秆瓤切成片状，有的染上颜色，有的形状不一。孩子们在老师的指导下将画好的图画沿线粘贴上秸秆瓤片，一幅立体感很强的画作就完成了。这使孩子们非常有成就感，同时也收获了自信。瞧他们一个个认真的样子，多可爱！

中班的幼儿已经有了一定的创造能力，我们引导幼儿利用秸秆皮和秸秆瓤进行平面造型创造。首先，让幼儿了解秸秆瓤和秸秆皮的简单连接方法，然后引导幼儿进行简单的平面图形的创造。如正方形、三角形、圆形等等。然后带领幼儿进行图形和图形的连接，在尝试中探究，它会变成什么。孩子们的构图，就像是七巧板一样变化万千。经过几次活动，孩子们渐渐懂得在造型过程中秸秆瓤和秸秆皮的相互协作是必不可少的，同时，为了让孩子们有更好的创作，我们还设计了一些制作流程图，供孩子们参考，孩子们一下就爱上了这种廉价但实用的玩具。

大班的幼儿在探究能力和创造能力方面有着质的飞跃。因此在活动中我们引导幼儿了秸秆的特性,探索不同的连接方法，初步尝试利用秸秆进行简单的立体建构造型。很快，孩子们在尝试中摸索着拼接出了立方体，在立方体的基础上拼接出了小桌子、小椅子、眼镜、狐狸、小马、小猪等各种造型。在一次活动中，成成看见了我准备的半成品——没有切开的两节秸秆连在一起，秸秆皮还没有完全剥掉。他说："老师，我可以玩这个吗？" 我想，他一定有新的想

法，便点点头在一旁观察他。果然不出我所料，只见他将两头的秸秆皮拨开，然后将两头的秸秆皮向中间弯曲，用一块秸秆瓤连接在一起，一条接一条地接，直至把所有的秸秆皮向中间弯曲连接，哇！看起来像一个大灯笼。完成了作品，成成骄傲地来找我："李老师，你看，这是我的新作品，我给他取了个名字叫南瓜灯。"看到成成的南瓜灯这么有创意，我赶紧请他向大家介绍成成的新的连接方法，孩子们都很惊讶。受到孩子们的启发，我也尝试着用秸秆拼接了鸟巢、中国馆、天安门等别致的造型，让孩子们大开眼界，更直观地感受到了秸秆的可变性和强大的造型功能。孩子们的思维也得到了拓展，每次活动都会有不同的造型产生，他们在与环境材料互动的过程中感受到了创作的快乐。

我们的"秸秆创想空间"不但给孩子们提供了想象和动手操作的平台，同时也给家长朋友提供了尝试的机会。在一年一度的科技节活动中，许多家长也兴致勃勃地参与进来，再现了他们小时候的秸秆玩具，同时也和孩子们一起创造出了各种新造型，极大地丰富了秸秆的玩法。

附案例：

活动名称：

好玩的秸秆　大班

活动目标：

1.了解秸秆的特性，探索不同的连接方法。

2.初步尝试利用秸秆进行简单的建构活动。

活动资源：

1.整理好的高粱秸秆皮（长、中、短）、瓤，　小玻璃杯12个、大托盘4个。

2.著名建筑图片，大头钉若干，高粱秸秆1节。

活动流程：

引发兴趣—初次尝试—再次尝试图形连接—视觉冲击，欣赏作品—延伸

活动过程：

一、引发兴趣

1.谈话：

你们喜欢玩玩具吗？喜欢玩什么玩具？（幼儿说一说）

你们都有自己喜欢玩的玩具，李老师小的时候也有自己喜欢玩的玩具，它不用花钱就能得到，特别神奇，既能变成你们喜欢的小汽车也能变成你们喜欢的变形金刚，你们想不想知道它是什么呀？

2.介绍材料:

（出示秸秆）“这就是我小时候非常喜欢的玩具,你们认识它吗?”（不认识）

“这是一节高粱秸秆,它的外面有一层硬硬的皮,你们看它的皮很有韧性，但是它也很危险,因为容易割到手,所以你们在操作时一定要小心。”剥开硬硬的皮,剩下里面的瓤:“我们可以把瓤按需要切成一段一段的。”

二、初次尝试

1.师:“接下来请你们试一试，想办法把皮和瓤连接在一起。”幼儿尝试连接，将幼儿的作品展示到展板上。

2.讨论:

师:“小朋友们真是太聪明了,创作出了这么多的造型,我们一起来看一看,你发现了什么? 它们有什么不同? ”

幼:“样子不一样。”

师:“为什么会不一样?

幼:“皮和瓤连接的位置、方向不同，所以连接后的造型就不一样。”

三、再次尝试简单图形的连接,渐渐升级将图形变立体。

1.幼儿尝试各种连接方法，让自己的图形站起来。

2.作品点评，请做得好的幼儿进行介绍。

四、欣赏作品，视觉冲击。

师:“小朋友们，快放下手中的工作,我们一起来欣赏一下大家的作品。哇! 你们的作品太漂亮了，快给自己鼓鼓掌。今天我们用插接的连接方法制作的作品真是太有创

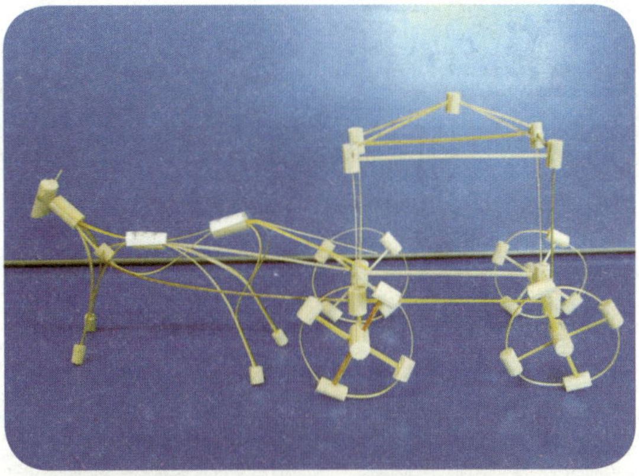

意了。其实，在我们的生活中也有用各种连接的方法制作的物品，我们一起来看一看（欣赏幻灯片）。

五、延伸:

我们还能用秸秆做好多的作品,请你仔细观察，生活中,还有哪些东西可以用秸秆

表现出来,我们下一次活动再来制作新的玩具造型。

活动评价:

活动中所用的材料来源于生活，极具地方特色，且具有一种材料多种创造的特性，深受幼儿喜爱。

此次活动的导入部分，教师没有充分激发幼儿参与的积极性，所以导致幼儿反应很平淡。

在讨论连接方法的环节时，教师引导的不够。通过观察比较教师应引导幼儿总结出连接的方法有哪些异同，以便为幼儿后边的创造活动奠定基础。

在幼儿实践部分,教师应该对活动中出现的情况予以积极反应，并不断给不同层次的幼儿提出新的要求，在活动中教师缺少鼓励性的语言，并且表扬得不及时，导致幼儿创造激情不高，制作速度缓慢的情况发生。活动结束部分有些仓促。

活动反思:

每个孩子都喜欢玩具，可以说这是幼儿的天性，可是并不是每种玩具都能千变万化。在活动设计时我们注重从身边选材，选择了极富地方特色的高粱秸秆作为活动材料，捕捉到连接方式的不同，可创造出不同造型的特点，鼓励幼儿积极尝试、大胆操作，在与材料互动的过程中感受创作的快乐。

在第一次活动中，我们将活动的第二个目标设定为“在平面造型的基础上，探索立体造型的方法”，导致内容过多，在分类展示各种平面图形时占用了大块的时间，造成活动时间过长。因此在第二次研磨活动时将目标修改为现在的第二个目标，将内容减少，变集中讲评为边做边随机讲评，为整个活动节约了时间。

在研磨的过程中我们发现，幼儿在构建的过程中有时会用到长短不同的秸秆皮，而我们提供的是长度完全相同的秸秆皮，不能满足幼儿的需求，所以调整为长、中、短三种长度，很好地解决了材料需求多样化的问题，为幼儿构建出富有变化的作品奠定了基础。

在最初的活动设计中，时时处处总有老师教的痕迹，如怎样将材料变成圆形或三角形，怎样才能让它立起来等。在研磨时我们决定放手让孩子大胆尝试，自己突破从平面到立体的创造，变“教会”为“学会”。

另外，我们注意到秸秆皮所隐含的安全问题，认为既不包办代替又能对幼儿进行必要的安全教育很重要，所以在认识材料的过程中提醒了幼儿，让活动更细腻更人性化。

在第一次活动中，我们发现教师的语言不够简练、严密，不能准确地指导幼儿。在研磨过程中，我们从小小的细节开始，细心研究探讨，从而激发幼儿的认识兴趣和探究欲望，帮助幼儿学习运用观察、比较、分析、推理等多种方法进行探索、操作活动。作为教师我们依据幼儿已有的经验和对新事物、新材料感兴趣的特点，为幼儿搭建了一个探索、展示的平台。

为每个孩子提供表演的机会

丁晓焕 丛玲玲

升入大班后，孩子们迷上了表演。上个星期，我给孩子们看了《三只蝴蝶》的故事，故事里的三只蝴蝶也成了小朋友竞相模仿的对象，总会情不自禁地和同伴表演故事里的情节，即使在卫生间里，也不时传来他们的对话“台词”。他们模仿的兴致和热情，让我意识到这是一个难得的机会，正如《3~6岁幼儿学习与发展指南》所言，幼儿艺术领域学习的关键在于充分创造条件和机会……于是我有了支持他们表演的想法。

舞台怎样做

“如果要表演《三只蝴蝶》需要些什么呢？”我问孩子们。

“我们需要一个下着雨的舞台背景和一个小舞台。”

“需要黄色的、红色的、白色的蝴蝶。”

“需要红花、黄花、白花，还需要一个太阳公公。”

孩子们积极地回答着。

我们先做了难度最大的雨天背景，以往

都是我为孩子们剪好、裁好制作用品，这次我只是提供雨点的形状，让孩子按着雨点的形状自己去尝试。我发现以前我太小看孩子们了，看到他们专注的模样，我都自叹不如。雨点剪好后，我们用双面胶把这些小雨滴粘到蓝色的纱布上。当我们正专心粘贴时，一个孩子居然提示我说：“老师注意你粘的雨点要有下雨的感觉，下雨时，雨滴应该是大头朝下的。”听到这样的话我真的很开心，看来这些小家伙儿的想象力和观察力真的很强。经过一上午的忙碌我们终于把舞台背景弄好了。

小舞台我们用的是现有的材料“厚泡沫板”，我把三个泡沫板剪成半圆形的小舞台，剪好后孩子们用白胶把三个泡沫板牢固地粘到了一起。这样我们的小舞台就做好了。

服装道具哪里来呢

舞台有了，“没有道具怎么办呢？”我和孩子们一起讨论起来。“老师，我们可以用扭扭棒做触角。”

“老师，可以用头花做三种颜色的花。”

“老师，我们可以自己画一个太阳！”

“老师，我家里有蝴蝶翅膀！”

第二天，李心怡、于韦慧、韩雨桐从家里带来了漂亮的蝴蝶翅膀。为了让背景更突出，我还特意准备了下雨的声音。这样表演用的道具基本准备好了。

表演中那些事儿

小舞台上的表演如火如荼地进行着，在这里孩子们轮流扮演着演员和观众。一段时间以来，我发现宁宁每次都扮演观众，从来没有上台表演过。一天我悄悄地坐到她的身边，问：“宁宁，你为什么不去当小演员啊？”宁宁用低弱的声音对我说：“我演得不好，我不敢，我喜欢看别人表演。”从她的表情里我看到了她对表演的渴望，同时也看到了她自信心的不足。星期三的早晨，我把孩子聚集到舞台前面说：“今天我们在这里举行最佳小演员的比赛，每人都要参加，不需要观众。”宁宁选择了演太阳公公。孩子们的表演很投入，也很精彩，轮到宁宁上场的时候，我说：“宁宁该你了，”她犹豫了一会，怯怯地走上台，我们都在等待，等她开口说话。她终于张嘴说话了，她低着头，用很小的声音说完了台词。为了鼓励她，我示意其他孩子大声鼓掌，在她说完台词走到座位的一瞬间，我看到她笑得那么开心，有满足也有渴望。接下来，每次宁宁选择表演我都很关注她，我发现她当小演员的次数多了，而且每次说话的时候她好像都有准备一样，台词记得很清楚。渐渐地，她的胆子变大了，声音也越来越响亮了，并且还交了几个好朋友呢！渐渐地我们班的孩子都变了，变得比以前更活泼、开朗了，在表演的时候也游刃有余。看到他们的成长我真的很开心。

六一儿童节到了，在小舞台上演出时，我们表演了童话剧：《三只蝴蝶》，孩子们的演出非常精彩，那一阵阵热烈的掌声是给予他们最大的认可。

每个孩子都有希望被别人关注和认可的欲望，在小舞台的创设中，我们的环境很简单、材料很简单、游戏表演也很简单，但通过老师的支持、指导、鼓励，每个孩子都能自信满满地去表演，每个孩子都是游戏的主人，其中的快乐是无穷无尽的。

第五章

有机整合 创设适宜的主题环境

主题环境作为一种隐性教学模式，在教育教学中发挥着潜在的教育功能，因创设过程中幼儿的主动参与和积极互动，在开发幼儿智力、促进幼儿个性发展等方面越来越引起人们的重视，日益成为幼儿、家长、教师关注的焦点。

我园的主题环境创设是结合各年龄段幼儿进行的主题教育活动，不定期地给幼儿提供的阅读墙和视觉空间，是幼儿经验、想法、表达、表现的平台。幼儿在主题环境氛围影响下，积极与环境“对话”，从而获得有益经验。秉承现代教育家陈鹤琴“环境的布置要通过儿童的大脑和手”的思想，我们在主题环境创设中进行了大胆尝试，并积累了一些经验，有了一些感悟和收获。

幼儿园主题环境创设是由教师和幼儿共同完成的，着重从两部分入手：一是装饰性墙饰，它主要体现在幼儿生活空间的1.2米以上部分，是由教师主导完成的，既充分体现幼儿的年龄特点和身心发展特点，又体现教师的审美取向和教育观念；二是主题墙饰，主要指1.2米以下，由幼儿主导、教师辅助完成的环境创设。主题墙饰以幼儿园五大领域为主要内容，以师生互动、家园互动的方式，随季节、节日、时事及主题变化呈现幼儿的作品，充分体现教师引领下幼儿参与主题活动的进程，及活动过程中幼儿各方面能力的发展。

幼儿园主题环境墙饰创设以废旧材料为主，充分强调一物多用、一物多变、一物多创新的理念。引领师生在装饰空间里随意想象，自由驰骋。通过激发幼儿积极性和主动性，营造个性化空间，使创造性思维和发散性思维得以发展。但由于两种墙饰的主体不同，呈现的教育作用和特点也不一样。

一、教师主导的装饰性墙饰

装饰性墙饰要求每个教室环境的主题不同，追求个性化模式。目的在于营造班级的个性化教育氛围，通过装饰内容在空间的再现，给幼儿树立模仿的榜样，在与空间环境的互动中融为一体，凸显幼儿生活经验扩展和个性追求。装饰性墙饰虽然由教师主导设计，但制作方法、审美标准、主题内容必须符合幼儿需要。要求形象逼真、色彩鲜艳、富有情境、符合幼儿年龄特点和心理特点，整体风格简单、清晰，让幼儿置身其中便可产生安全、喜爱、留恋的积极情绪情感。在这种环境的潜移默化中，让幼儿有所思、所想、所悟、所体验，达到润物细无声的目的。

二、幼儿主导的主题性墙饰

主题性墙饰是营造幼儿创造想象空间和交流展示的平台。通过作品展示，满足幼儿的心理需求和表现欲望，从中学会比较、欣赏、分析、评价，进一步提升幼儿的鉴赏能力和审美能力。教室外面的幼儿墙饰展示的是班级幼儿的作品，是对主题学习的感悟，增强了幼儿园班与班之间的学习互动，幼儿从中学会以开阔的视野、兼收并蓄的态度学习别人，了解自己与他人的不同；不同年级不同班级对同一事物的认识方式、展示方法、拓展延伸方向的不同等等。在充分彰显幼儿主体主导的主题性墙饰中，促进幼儿创造性思维和社会性的发展。虽然是万变不离其宗的主题，但从中让幼儿学会多角度看问题，多角度想问题，从多角度做事的习惯。同时主题性墙饰也给家长提供了解班级活动动态、了解幼儿发展水平的机会，家长从比较中了解幼儿能力的差异，个性的不同，从而调整适宜的家教方式方法，在家园共同努力下培育身心健康、富有创意、个性和谐的幼儿。

我爱我家

——中班主题环境创设纪实

任玺

“家”，是温暖、安全与爱的代名词，而“家”对幼儿来说更是他们的全部世界，这里有他们熟悉的环境和亲人，有他们成长的点点滴滴，有他们最早的人生体验，所以“家”也就成了幼儿口中常说的话题。为此，我们开展了主题活动“你的家，我的家”，并且创设了丰富多彩的主题环境。

案例一：画在房顶的窗户

当我与孩子们讨论“家”的主题环境创设该做些什么时，他们立刻你一言我一语地说开了。张瑛芮首先发表了自己的见解：“有房子才有家，得有房子！”也有小朋友说：“家里有爸爸、妈妈，我们可以把爸爸妈妈画在房子里。”经过讨论，我们决定做折纸房子，折好后可以根据自己的想象再进行装饰。在装饰房子的过程中，我发现有个孩子把窗户画到了房顶上，看到我疑惑的样子，他立刻给了我一个相当充分的理由：“老师，楼上不是也有窗户的吗？所以我把窗户画到了上面。”我马上意识到由于思维的局限性，我盲目地认为房子就应该只有两个窗户一个门，然而孩子不正是在用发散性的思维进行创作么？他们认为窗户可以是很多的，可以在上面也可以在下面，正如《3~6岁幼儿学习与发展指南》中讲到“我们不应该在孩子进行创作时进行过多的干预或者把自己的

意愿强加给孩子”。工作结束后我看到，每个小朋友的房子都是不一样的，有的画着爸爸妈妈、有的装饰了花草、有的画了小动物，还有的装饰了几何图形，都十分漂亮。

案例二：电视里是咱们的幼儿园

房子完成了，接下来就是内部设施了，于是我进行了一次绘画活动。在确定了每个房间里应该有什么之后，孩子们开始动手完成自己的作品了。我看到好几个孩子画了电视，而且还在电视的屏幕上画出了绿绿的小树，美丽的小花。看到我走过来，杨舒涵抬起头说：“老师，你看春天到了。”还有的孩子画上了小朋友、彩色的房子，并且解释说：“这是幼儿园，我们的幼儿园上电视了。”在餐厅的椅子上，有的小朋友还画出了坐在椅子上的家人……

案例三：秀秀我的“全家福”

在“家”的主题环境创设中，我们讨论了一个新话题：“家里最有代表性的东西是什么？怎样表现呢？”孩子们经过一番讨论后决定按照常笑的提议做“全家福”。“用什么做相框呢？”有人提议用即时贴，有人提议用彩色卡纸，还有人提议用纸板，根据孩子们的提议，我将能想到的材料都提供给他们，供幼儿自主选择。制作开始了，孩子们各取所需，剪、贴、粘、涂、画各有特色，稚趣、童真，再衬上一个个漂亮的全家福照片，真的是异彩纷呈。当我们把这些全家福粘贴到墙面上后，孩子们都惊呼起来“哇，真漂亮！”“这个是我的家！”“这个是我家！”“这个是我妈妈！”说着还在妈妈画像上亲了一口……

主题环境创设，能够通过作品呈现主题活动过程，同时，也是师幼互动、幼儿间互动的重要途径。在这个过程中，幼儿可以丰富生活经验，提高分析问题和解决问题的能力，培养他们的想象力和创造力。在这里孩子们用他们充满童真的智慧和灵巧的小手给我们带来了至纯至美的享受。

交通工具博览会

——中班主题环境创设纪实

李杰、任玺

交通工具是现代社会生活中不可缺少的一部分，随着时代的发展和科技的进步，我们身边的交通工具越来越多，给我们的生活带来了极大的方便。地面上的汽车、地下的地铁、海洋里的轮船、天空中的飞机，这些交通工具大大缩短了人们交往的距离。围绕“交通工具博览会”这一主题，我们创设了“我喜欢的交通工具”主题墙饰。

案例一：爱心列车

对于中班幼儿来说，火车是比较熟悉的交通工具，很多幼儿都有乘坐经验。

今天，我们的活动是画火车，我出示了玩具火车，孩子们高兴地拍起了手。在了解了火车的结构之后，孩子们开始画了起来。大大的火车头，后面连着一节一节的车厢，车厢的形状有的是正方形，有的是拱桥形，还有的是圆形，形状不一、各有特色。有的孩子画的火车头前面悬挂着许多美丽的气球，还有的孩子在每节车厢内都画上了可爱的小朋友。他们用五彩缤纷的色彩来装饰自己的火车，用灵巧的小手展现出一幅幅美丽的作品。

突然我发现张瑞萌小朋友的每节车厢内都有一个爱心，我问：“为什么车厢内会有爱心呢？”她说：“任老师，这个心形是窗户，我的这趟火车是爱心列车。”哇！原来孩子的内心世界是这么的丰富多彩呀！

案例二：奇妙的汽车

在进行科学活动“各种各样的车”时，孩子们的兴趣特别浓厚。结合孩子们的兴趣点，我又进行了延伸活动“我设计的车”。在

孩子们交流了自己超前的设计理念之后，我请孩子们画出自己喜欢的车。在作品展示时，孩子们的汽车有大有小，形态各异，车身也一改常态，全都换上了美丽的彩衣，颜色的搭配也体现了他们的精心设计。在巡视观察的过程中我看到于晓琳小朋友的汽车侧面有一个明显的长方形，“这是什么？”我问，“老师，我设计的是船车，遇见有水的地方这两个长方形就可以向外打开，这样我的车就能像船一样在水里走。”看到张瑞萌的作品时，发现车门变成了两只翅膀。“这是车门吗？”我问，“是，如果堵车，我的车就能嗖地一下飞过去。”他得意地说。成人的思路往往受局限，但孩子却会将他们的创想无拘无束地表现出来。

案例三：海盗船

在认识海上的交通工具后，我们选择了用纸盘制作船。在制作的过程中孩子们充分将剪、订、粘、贴、画淋漓尽致地表现了出来。在对船进行装饰时，有的粘贴了美丽的小花，有的画了小朋友表示正在开船，有的用多种颜色涂色，还有的在船帆上画了骷髅图案并且解释说：“我的是海盗船。”孩子们选择自己喜欢的方式进行装饰，每个人都有自己的想法，在完成船身的过程中，需要将两个半圆纸盘装订在一起，为了保持船身的平衡，需要一位幼儿双手扶住船身，另一位幼儿进行装订，于是孩子们之间互相合作，默契配合，在互帮互助下完成了作品。

利用各种作品，我们制作了主题墙饰“我喜欢的交通工具”，完成后和孩子们一同欣赏、讲述。孩子们都非常兴奋，不由自主地大声说道：“看，这个是我做的！”“太漂亮了！”离园时，都纷纷拉着家长的手来到墙饰前很是自豪地说道：“这是我们做的！”家长们看到作品时，也不由惊叹孩子们的创作能力。

在本次主题活动进程中，幼儿根据具体活动内容通过画、剪、粘、折等多种方式，创作了很多极富想象力、创造力的作品。经过我和孩子们一起布局、构图，创作了“交通工具博览会”的主题墙饰。回顾环境创设的历程，在说说、想想、做做、看看、讲讲的过程中，幼儿的想象力、创造力、语言表达能力、动手操作能力都得到了充分的发展和提高。

宝贝一家亲

贾畅华

家，对小班的孩子来讲永远是一个甜蜜而温馨的地方，而父母是孩子永远的依靠。在这学期的第一个主题“宝贝一家亲”当中，我们通过讲述、照片回忆、录像资料等多种媒介让幼儿再次感受家的浓浓亲情和与众不同，将孩子与父母之间原本具有的情感予以渲染和提升，使这种情感成为幼儿丰富的情感世界中永不褪色的组成部分。我们的主题墙以爱为主线，强化亲情呵护在幼儿成长中的积极作用，也把孩子们对家的感受淋漓尽致地表现出来。

温馨亲情树

我们用收集来的废旧宣传单和孩子们一起制作了一棵大大的亲情树，亲情树上是一片片心形的树叶，树叶上贴着每个孩子的全家福照片；树下有孩子们用彩纸折叠出来的一颗颗爱心，那是孩子对爸爸妈妈的祝福。围着亲情树，我让孩子们相互介绍自己的爸爸妈妈、自己和爸爸妈妈的相像之处，孩子们都兴高采烈地说起来，即使是平时比较内向的孩子也会说上一番。有的说“我的眼睛长得像妈妈”、有的说“你看我妈妈像白雪公主一样漂亮，可是我爸爸有点胖”、“我的皮肤和妈妈一样白”、也有的说“我奶奶说我长得像爸爸”等等，在主题墙饰和孩子们的互动中，孩子的观察、比较能力都得到了提高，促进了口语表达能力，也让孩子们更加体验到了家庭成员之间的温馨亲密的关系。

幸福的家

“我有一个幸福的家，有爸爸，有妈

妈，还有我这个小娃娃，亲亲热热在一起，我们都爱这个家”这首欢快的儿歌意境蕴含了温馨和亲情，孩子们特别喜欢。有好多孩子在爸爸妈妈来接他们的时候，一边穿衣服一边迫不及待地说给家长听，家长们的幸福溢于言表。我从孩子们的热情中得到启发，考虑到班级很多孩子都识字，我就把这首儿歌打印出来，为了增加孩子们阅读的兴趣，我把“家”“爸爸”“妈妈”“我”这些字做成可以打开的小天窗，下面的照片可以随时更换，每次我都会悄悄地更换一个家庭的照片。这可极大地调动了孩子们的热情，有的孩子早晨来园总会先跑去念儿歌，当他打开小天窗看到照片时就特别兴奋地告诉妈妈：“妈妈，这是任彬齐的一家，明天就是我们一家了。”孩子的热情也感染着家长，他们也忍不住来翻着看看，跟孩子一起读一读，虽然是一首简短的儿歌，却把这个主题活动的精神体现得淋漓尽致。

在“宝贝一家亲”主题的实施中，我们注重了内外两方面环境的创设，首先在校园里、走廊中、楼道边、活动室内师生一起布置了温馨的充满爱的环境，让大家时刻都感受着爱的温暖，使人心情舒畅。在环境创设中，我们学习着欣赏美、感受美、创造美，提高了自己的审美能力。而孩子们在爱意浓浓的环境中生活、学习、游戏，潜移默化中学会了关爱身边的每一个人。自“宝贝一家亲”主题实施以来，我们师生间、伙伴间、同事间都充满了爱，随处都能看见大家在互帮互助、随时都能听见：“我来帮助你”，“你好呀”，“你放心吧，这儿有我呢”……亲切的话语温暖着每一个人的心田。

动物朋友

——小班主题活动纪实

贾畅华

陈鹤琴先生指出：“幼儿园环境是儿童所接触的、能给他以刺激的一切物质。”主题活动的进行正是幼儿在于环境和材料的互动中完成教育目标的。

在“动物朋友”主题活动开展的过程中，根据教育目标的要求，结合幼儿的年龄特点和兴趣点，开展了丰富多彩的活动，投放了大量的操作材料，并和幼儿一起创设了他们喜欢的主题环境，这些都有效地促进了幼儿的发展。

案例一：它们吃什么

喜欢动物是幼儿的天性，对于动物他们有着太多感兴趣的话题，有着问不完的“为什么”。

早晨，天宇和莹莹一边看书一边说：“你看，小猴子抱着这么多香蕉回家了。”

“当然了，因为小猴子爱吃香蕉嘛！”莹莹解释道。

“莹莹，那你知道大象爱吃什么吗？”

“大象是不是爱吃草呀？”莹莹摸着脑门，眨着圆溜溜的大眼睛说，听起来她对自己的答案不够肯定。

“原来你也不知道呀。”天宇失望地说道。

…………

听了他们的谈话，一次关于动物食性的教育活动内容在我头脑中逐渐形成了。首先，我让幼儿回家和爸爸妈妈一起通过上网、查找图书资料等多种途径了解相关的常识，并把图片和文字资料带到幼儿园。在幼儿有了一定的知识和经验的积累后，经过共享和讨

论，幼儿的认知水平获得了质的飞跃。

为了巩固幼儿对动物食性的认识，我们创设了互动式的、可操作的主题墙饰“请你连一连”。就是把常见动物的图片纵列贴在左侧，每张图片下面固定一条毛线，毛线的另一端系上一个回形针。把它们爱吃的食物图片打乱顺序纵列贴在右侧，并且每种食物图片的下面固定好一根磁力棒。幼儿可以将动物图片下面的毛线上的回形针与其对应食物的图片下面的磁力棒吸在一起。幼儿对于这种可操作性的活动墙饰特别喜欢，经常会看到他们围在这里，兴高采烈地边说边动手操作着。

案例二：猜猜它是谁

经过一段时间的主题教育活动，幼儿对于动物的外形特征有了一定的认识。在此基础上，为了训练幼儿的观察能力和记忆能力，我们创设了“猜猜它是谁”主题墙饰。方法是把动物图片贴在墙上，上面再覆盖一张挖了洞的纸，根据洞里露出的部分猜出动物名称。

这天吃完早饭，同同和小迪就急忙跑出来玩他们最喜欢的猜动物，只见小迪指着其中的一张图片让同同猜，同同盯着图片上的小洞看了一下说：“是老虎。”小迪听了，不停地摇头。

“怎么不是？老虎身上不是有花纹吗？”

“你再仔细看看，这个花纹是有圆圈的。”

“还真是的，真不是老虎。”瞪大眼睛看了一会儿，同同不好意思地说。

“它是金钱豹！”两个小家伙异口同声地喊起来。说完，他们高兴地笑起来。

看到幼儿对这个活动如此喜欢，于是将猜平面动物延伸为猜立体动物。我们在纸盒上挖一个小洞，把选中的立体仿真动物模型放进去，幼儿通过小洞露出的部分猜动物。这下，幼儿对这个活动更喜欢了，每天都会有很多孩子争着抢着来玩这个游戏。

随着对动物认识的不断深入，在和孩子们一起观察、发现的基础上我们将草食动物和肉食动物的牙齿、爪子的图片进行对比张贴，并让孩子们说一说它们的牙齿和爪子有什么不同？为什么会有这些不同？紧接着，结合主题活动《谁的尾巴》，将各种动物的尾巴进行对比展示，让幼儿进一步感受不同动物尾巴的功用。

《幼儿园教育招导纲要》指出：“创设与教育相适应的良好环境，为幼儿提供活动和表现能力的机会和条件。”我们的主题活动正是借助主题环境这一载体为幼儿提供了这样的机会和条件，从某种意义上讲，主题环境已成为幼儿在园生活的重要组成部分。

幼儿的需求启发我们创设新的主题环境，而主题环境将会引领幼儿更充分地完成主题目标，既是主题教育过程的真实记录，也是主题教育痕迹的真实再现。

大家一起盖房子

刘晓磊

“老师，我们这个月的主题是房子吗？”“你怎么知道？”“我们看见你在班级门口贴的那些房子了。”在主题活动开始之初孩子们和我有了这样的谈话。是呀！为了更好地准备好开题活动，我在班级门口最显眼的地方张贴了一些我筛选的图片。如我所望，图片引起了孩子们的注意。在接下来一个月的活动里，孩子们带着对有关房子的浓厚兴趣，开始了有关房子的“奇妙之旅”。

《幼儿园教育指

导纲要》指出："环境是重要的教育资源，应通过环境的创设和利用，有效地促进幼儿的发展。"幼儿园墙饰作为幼儿园环境的重要组成部分，具有非常重要的教育作用。我们知道，幼儿园的环境包括这样两个方面：一是物质环境，二是心理环境。作为物质环境的墙面环境它和孩子们是朝夕相处的，它从感官上带给幼儿有关线条、形状、色彩、构图等因素的刺激，在情感上带给他们愉悦感，我们努力让孩子们参与到墙饰的创设中来，使之成为教学活动的一部分。

在进行"奇妙的房子"这一活动时，我和孩子们一起讨论了"水中房子倒影"这一话题。为了让孩子们直观地理解这种现象，我拿来了一盆水给孩子看倒影，同时又在纸上做了房屋倒影的分析，孩子们很感兴趣。于是我又做了生成课程——美术课"水中倒影"，幼儿不但动脑筋用自己的方位感画出了美丽的房屋的水中倒影，同时又进一步理解了对称，创作出了让人惊叹的作品，真是一举多得。当我和孩子们一起把他们的作品布置出去时，孩子们脸上那份儿幸福是难以言表的。幼儿园主题墙饰创设是一种宝贵的学习资源，不再是教师一个人的手工劳动，而是以幼儿的兴趣、需要为目标，需要幼儿共同参与完成的各种活动。通过参与环境创设，达到润物细无声的教育作用。

"五一"小长假后孩子们来到幼儿园，争先恐后地说着自己去游玩的地方，我适时地启发他们："你们都去什么地方游玩了？有没有发现什么造型特别的房子呢？"刘莹璇说："我去红山公园了，我在那里看到了亭子。"苑昊说："我去看外婆了，外婆家旁边还有一间土房子呢"……活动之后我又动员孩子们把去游玩的有特殊建筑物的照片带来装饰墙面，这样一组生动的墙饰便应运而生，生成了"我见过的房子"这一和主题相关的活动。这面墙饰，有孩子们的快乐参与和家长的热情

合作，不仅发挥了它应有的教育功能，还促进了幼儿语言能力的发展，更是对“盖房子”这一主题活动的深入挖掘。由此，我感悟到，教师要充分尊重幼儿，把幼儿发展放在第一位，让幼儿成为环境的主人，只要我们把环境创设的主动权交给孩子，教师的角色就会从原先的直接动手，变为观察者、倾听者、支持者。

主题活动中有这样一个故事《最漂亮的房子》，通过倾听故事，孩子们明白了最适合自己的房子才是最漂亮的。活动结束后，我们给幼儿提供大量的废旧材料，让孩子们设计出认为最舒适、最适合自己的房子。在设计时孩子们都大显身手：画、剪、贴，样样“绝活”孩子们都使了出来，我们还用相机记录了这些过程。创造结束后我们还一起分享，幼儿兴致勃勃地介绍自己的房子，老师用相机给孩子们和作品拍照合影。照片洗出来后，我们把孩子和房子的合影照片一起展示在了墙面上。看着他们的认真样子和他们的漂亮作品，我发现这才是孩子们真正需要的……现在，墙壁上的每张照片、每一件作品都是孩子们经验提升的具体体现，是孩子学习、参与的写照。主题墙饰从幼儿关注的问题而来，最能引起孩子们的共鸣，进而有与他人交流墙饰内容的动机。

陈鹤琴先生说过：“环境的布置要通过儿童的大脑和双手。通过儿童的思想和双手所布置的环境可使他们对环境中的事物更加认识、更加爱护。”我们会为孩子留出最大的空间，让他们大胆发挥想象力和创造力，让孩子们主动地去关心主题墙饰，使我们的主题环境创设伴随主题开展的日渐深入而不断完善。

我要上小学

李庆贺

时光飞逝，大班的孩子们马上要面临着上小学了。 孩子们对小学只是处于“听说”阶段，没有真正体验过小学的生活。他们对小学充满无数的遐想。有时候孩子们会问我：“老师，小学有吃饭的地方吗？小学有没有大滑梯？小学生在哪里睡觉？小学生班级里有什么玩具？……”

面对孩子的各种问题，我们进行一次“我想象中的小学”绘画活动。他们的绘画作品形式多样，孩子们所关注的问题丰富极了，有的孩子想象小学老师很漂亮，梳着长发，穿着花裙；有的孩子想象，小学生吃饭是自助餐形式，像快餐店一样；有的孩子想象小学就像游乐场，到处都有大型玩具；有的孩子想象小学生上课一排一排地坐着，每人一张小桌子，举手回答问题…… 孩子们的想象实在是太丰富了。而且绘画完毕后，他们与同伴交流分享时非常激动，好像自己真的已经是小学生了。

想象和现实总是有一段距离的，为了让孩子们在进入小学后尽快适应小学生活，有充分的入学心理准备，我们带孩子们参观了河畔景地小学。进入校园，首先带领孩子们观察了解小学环境，然后走进一年五班听课，了解小学生是怎样上课的。孩子们与小学生哥哥姐姐们同座位，与哥哥姐姐沟通。有的孩子环顾教室四周，那里有孩子们没有见过的教学仪器，还有哥哥姐姐们自制的小板报等等，教室的环境丰富且不失文雅。和幼儿园最大的不同就是，他们正面相对的墙上是黑板，孩子们看了都惊叹不已。哇！好大的黑板啊。课堂上，语文老师与小学生互动，复习巩固上一节课内容。小学生们个个精神饱满，腰板挺直，争先恐后地举手回答问题，并且吐字清晰，声音洪亮。对于幼儿园的孩子们来说，这样的课堂氛围让他们很吃惊，印象非常深刻，他们开始崇拜小学生了。课间活动时间到了，孩子们在广播中听到有小姐姐朗诵诗歌，他们奇怪地问这是谁在讲话。为了满足孩子们的好奇心，我们带领孩子们到学校广播室去看一看，见到了一位优秀的小学生，孩子们投去了羡慕的眼神。我鼓励孩子们，上小学以后也要向这位姐姐学习。开始做操了，小学生们列队整齐地在操场上一排排站好。孩子们看着哥哥姐姐们整齐地做着体操，不时地为他们鼓掌，有的小朋友甚至迫不及待地跟着哥哥姐姐一起做了起来。间操之后孩子们又观看了丰富多彩的小学生户外活动——打沙包、跳皮筋、踢足球……

回到幼儿园，我们再一次组织孩子们进行“我看到的小学”的绘画活动。结合上一次画的内容作对比或者画一画在小学的新发现。孩子们各抒己见，讨论激烈。他们观察得太仔细了，发现了小学有很多细节与幼儿园不一样。比如：值日生工作、班长任务、卫生间格局等等。有的孩子画小学生

上课，有的孩子画户外间操的活动，有的孩子画小学的图书角，有的孩子画小广播员，还有的孩子画小学上课的老师、玩具、活动器械……我们将孩子们画的“我想象中的小学”和“我看到的小学”绘画作品布置成了主题环境墙饰。孩子们通过对比、观察、发现、讲述对小学有了更深入的认识和了解。

三年的幼儿园生活，每个孩子都有几个好朋友。毕业在即，“画画我的好朋友”成了每届毕业班的保留活动，而“我的好朋友”墙饰，更成了孩子们互相交流的场所。“看，这是我的好朋友李馨恬，我们都住在一个小区，每天晚上我们都在一起玩。”“我告诉你，郑健是我最好的朋友，他说了要和我上同一所小学”……

对于每年的毕业班，幼儿园有一个必不可少的活动，那就是爱心义卖活动。为了培养孩子们的责任心，献出微薄之力，帮助有困难的群体，让幼儿将家里闲置的图书、玩具、衣物等拿到幼儿园的“跳蚤市场”来卖。园里负责为幼儿创设“大卖场”环境，同时鼓励中小班的弟弟妹妹参与到买东西的活动中，让家长和孩子共同感受团结的力量。我们将孩子们筹到的善款在幼儿园组织的捐赠仪式上直接传递给需要帮助的人。如特殊儿童学校、贫困学生等等。让孩子们直接感受到爱的传递，同时树立幼儿的自信，让他们知道，长大后可以用更多的方式传递爱，让爱扬帆起航。

马上要结束幼儿园的生活了，孩子们对自己的未来有很多畅想。“我的职业”成了孩子们的热门话题，于是手工作品“长大后的我”承载了孩子们对未来的美好寄托。有的小朋友做了戴着博士帽的科学家，有的小朋友做了拿着针筒的小护士，还有人开着警车当上了威武的警察……

从幼儿园进入小学，是孩子们成长过程中的一个重要转折点，我们努力帮助孩子们做好心理上和习惯上的准备，在积极与环境互动和对话中获得发展并快乐健康成长。

第六章 继承发扬 让节日环境与幼儿对话

节日是一种文化。它不仅是一种表象活动，更承载着世界各民族人民的智慧，反映了人们对于美好生活的憧憬。其内容丰富多彩，涉及自然、社会、民族、风土人情等方面。从节日的性质上看，可分为民俗性传统节日、社会性政治节日和现代文化性节日等。

我国历史悠久、民族众多，传统节日丰富多彩，因而传统节日教育在我园备受重视。为此，我园开展了丰富有趣的传统节日教育活动，创设了具有教育性、参与性和艺术性的节日环境，提供了让他们主动去了解、去发现并大胆展示自我的机会。旨在通过节日教育，帮助幼儿了解中华民族的传统文化，了解各种民俗习惯和社交礼仪，增进幼儿对社会的认识。活动过程中，除创设了烘托节日气氛的室内外环境外，还为幼儿提供丰富的动手操作材料。比如，“端午节”活动，准备了糯米、红枣、竹叶等材料，让幼儿学习包粽子并品尝自己亲手包的粽子，这加深了他们对“端午节”的认识，感受到了浓浓的端午情。“中秋节”活动，除了一些常规性的内容，我们还把食品厂的糕点师请进幼儿园，讲解月饼的特殊制作工艺，并让幼儿动手制作月饼，烤好后品尝，吃着亲手制作的月饼，这些小不点儿们露出了满足的微笑。这些生动有趣的活动，促进了幼儿认知水平的发展。著名教育家陈鹤琴先生也非常重视节日教育，尤其提倡将民族传统节日教育作为重要的课程内容。作为教育者，有责任通过教育让中国的传统文化世世代代传承下去。

我园的传统节日教育活动，使幼儿在生动、真实、可体验的节日环境中，感受到了祖国文化的博大精深和源远流长，感受到了幼儿园生活的多姿多彩。

于丹说：节日的意义就是记得起，唤得醒，回得来。随着时代的发展和进步，传统节日也被赋予了新的内涵。让我们在传承中创新，在创新中传承，和幼儿一起走进节日，感受节日，传承节日，进而丰富节日文化内涵。

传承传统文化 创设节日环境

欢乐中国年

张世红

节日是幼儿生活的一部分，是教育幼儿的有利时机。幼儿园适当地开展一些节日活动，对于幼儿的全方面发展，尤其是社会性发展具有重要意义。

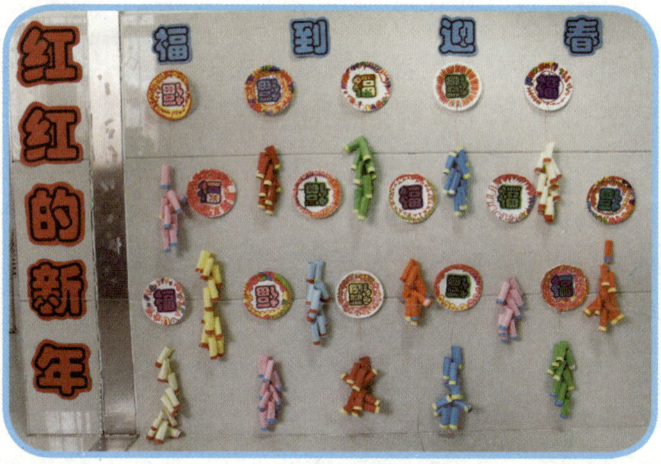

中国传统节日源远流长、博大精深，节日习俗更是丰富多样、各放异彩。从古至今，传统节日的纪念、庆祝方式随时代的更替在不断地变化，但总有一些根植在心灵深处的东西绵延至今生生不息，那就是民族的精神和情感。而春节作为中华民族最重要的传统节日，也成了幼儿园节日教育的重要组成部分。在深刻理解春节文化所蕴涵的教育意义的同时，我们把握要点进行遴选，找准和突出节日文化中的精华，然后创设丰富的春节节日环境，开展各种不同形式的庆祝活动，增进了幼儿对热烈、喜庆、欢快的节日氛围的感知和体验。对健康的民俗习惯和社交礼仪规范的了解，培养了幼儿积极健康

的情感、态度和人际交往能力。

一、在预设的环境和活动中学习

新春伊始，万象更新。为了迎接一年一度的春节，让孩子们充分感受到节日的喜庆氛围，老师和孩子们一起动手布置节日的幼儿园厅廊和活动室环境，利用各种废旧材料制作卡通生肖动物，创设“舞龙舞狮庆新年”、“福到了”、“年的食物与意义”、“年的颜色与声音”、“年的风俗与习惯”、“年年有余”、“十二生肖送吉祥”、“金鱼贺春”等春节主题环境，开展诵读有关春节的古诗文、讲述年的传说故事、收集有关春节文化活动图片、布置画展、剪贴窗花、包饺子、扭秧歌、拜大年等丰富多彩的系列预设活动。通过这些活动，让幼儿了解和学习我国传统春节文化的内容，对春节文化有了深刻的了解和认识。

二、在生成的活动中创新

在活动不断深入开展的过程中，那些思维灵活、见多识广的幼儿开始不安于现状了。他们总会有一些新的问题、新的想法产生，这样就会生成出许多有趣的活动。例如，大班的孩子在听到大人们议论一年一度的春节晚会后，会对老师说：“老师，我们班也开春节联欢晚会吧！”“我同意！”其他小朋友也纷纷响应，于是大家便兴致勃勃地准备起来。彩色的宣传单制作拉花、叠成千纸鹤布置场地，孩子们围坐在一起，你来我往表演起了节目。有日常学习的儿歌、歌曲、古诗，有从电视上听来的流行歌曲，几个学舞蹈的小朋友还表演了妙趣横生的《小苹果》，赢得了大家的热烈掌声。

班级春节联欢晚会的成功举办，又不断拓展出了以年级组为单位开展的“迎新春环保时装秀”、“绘本故事剧表演”等具有特色的生成庆祝活动。这些活动的开展，极大地

丰富了幼儿的活动内容、开阔了幼儿的眼界、调动了他们参与活动的积极性，孩子们的语言表达能力、交往能力都得到了发展和提高。将活动的实况照片布置成墙饰，使幼儿对于春节庆祝方式又有了新的灵感和认识。

三、在家园互动的活动中升华

幼儿是环境中的一分子，周围的环境为幼儿提供了潜在的发展机会，并对其产生直接或间接的影响，与幼儿直接相关的家庭、幼儿园、社区环境同样对幼儿产生着深刻的影响。而春节作为传统节日中最重要的一个节日，在时间上处于寒假期间，幼儿园进行的一些环境创设、开展的一些节日活动往往是节前的，因此开展家园互动、发挥节日的教育价值显得尤为重要。在春节主题活动中，老师们积极和家长取得联系，互相沟通，共同架起一座节日教育的桥梁。家园一致，使节日教育产生良好的教育效果。如，节前在向家长宣传节日活动要点、要求，在营造活动氛围的同时，把教师设计的活动范例及教育目标、参考资料等一并公布在家长园地、班级QQ群中，供家长们查阅和借鉴。让家长利用春季长假的机会带孩子参观、游览、访友、观看电视文艺节目等等，并拍下活动的照片，使幼儿不仅从图片照片和幼儿园的模仿活动中感受、认识春节，同时能够通过身临其境的活动认识和了解春节的意义。

作为春节主题活动一部分的元宵节，班级的活动同样丰富多彩，有家园互动的“欢欢喜喜闹元宵”活动，请家长们和孩子一起做元宵、煮元宵。孩子们将自己的泥塑经验充分发挥了出来，团出的元宵滚圆滚圆的，有的还会来点创意，捏出小动物头

形状的元宵，增加了趣味性，使活动有了创意空间。有的班级则布置了元宵节花灯展，和孩子一起利用废旧纸盒通过剪剪裁裁、粘粘画画，装饰制作出一个个漂亮的灯笼，并在灯笼下方贴上一条灯谜，每天家长在接送孩子时都会在这样的环境中徜徉，带着孩子一起逛灯会、猜灯谜，既丰富了知识经验，又增进了亲子关系，可谓一举多得。

在春节后的新学期初，老师们则有针对性地组织幼儿开展游戏、讨论活动，或让孩子和家长一起来园，进行以“我的快乐春节”为主题的活动，收集幼儿家庭过春节的活动照片布置成主题墙饰，通过幼儿间相互介绍、讲述，丰富幼儿的知识经验，把幼儿对于春节的认识进一步升华，将所见所闻转化为其内在经验。

总之我们通过在主题活动中引入、突出中国传统节日文化，创设节日文化环境，对于幼儿的个体成长、群体塑造、社会化发展，以及对民族文化的传承与发展，都起到了十分必要和有益的作用。

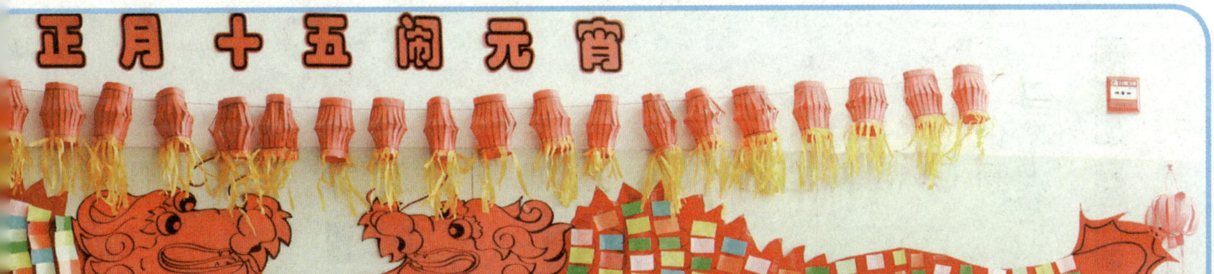

清明节系列活动（大班）

白丽艳

设计意图：

清明是我国的传统节日，清明来到，万物凋零的寒冬过去了，风和日丽的春天真正地开始了。在清明期间，组织幼儿开展系列教育活动，目的是让幼儿通过向革命烈士致敬默哀或扫墓等活动追念革命烈士的高贵品质，树立继承先烈遗志、认真学习、长大建设祖国的理想；通过吃鸡蛋、画鸡蛋、玩鸡蛋、踏青春游、荡秋千、放风筝活动，了解传统风俗，锻炼身体，充分感受春景的美好。

活动目的：

1.了解清明节的来历，知道清明节的日子及习俗，乐于参与清明节的活动。

2.初步了解家族中人与人之间的亲属关系，怀念先祖、尊重长辈等。

3.敬仰怀念革命烈士，懂得珍惜今天的幸福生活。

活动准备：

1.活动前与家长联系好参与本次活动；引导孩子搜集一些有关清明节的图片，了解清明节的习俗。

2.电脑课件。

3.实物：画有各种图案的彩蛋，熟鸡蛋每人一个，彩笔、帖纸、橡皮泥、剪刀、胶水等。

活动过程：

活动一：清明节的由来

1.用古诗导入活动内容：清明时节雨纷纷，路上行人欲断魂，借问酒家何处有，牧童遥指杏花村。（清明）提问：小朋友你们知道几月几日是清明节吗？（4月5日）

2.教师讲述清明节的由来。

3.课件：边放课件教师边讲述，让幼儿了解革命烈士的光荣事迹。

4.了解英雄的事迹：

（1）出示人民英雄纪念碑的课件，同时播放毛主席为烈士竖立纪念碑时的讲话录音。教师讲述：毛主席为了让后人永远记住、永远怀念这些革命英雄，在1949年3月30日在天安门广场竖立了“人民英雄纪念碑”。

（2）现代英雄：抗洪救灾、抢险救火、保卫国家生命财产等许多现代人也献出了生命。

5.观看课件：老师带孩子们扫墓的画面。

6.放哀乐和人民英雄纪念碑画面，请家长与幼儿起立，向英雄们行礼、默哀，表示怀念。

活动二：清明节的习俗

1. 谈话：你们知道清明节有哪些习俗吗？

2. 请幼儿将自己搜集来的图片和小朋友们一起分享。

（1）运动习俗：踏青、荡秋千、打马球、放风筝、蹴鞠、插柳等。

（2）饮食习俗：吃冷食、吃鸡蛋等。

3.布置主题墙饰：清明节的习俗。

将幼儿带来的图片分类张贴在墙面上，并配上相应的文字。

活动三：清明节的活动

1.请家长带孩子去扫墓、游览、踏青、放风筝。

2.请小朋友将自己在假日的活动画出来，布置主题墙饰。

3.分组制作菊花、风筝、彩蛋等。

（1）出示菊花、风筝、彩蛋，请幼儿观察并说一说是用什么制作的。

（2）播放幻灯片引起幼儿的好奇心及制作兴趣。

（3）和孩子共同制作（方法形式不限，画画、涂色、剪纸粘贴、橡皮泥制作等）。

（4）幼儿到台前展示自己的作品，并用完整的语言讲述自己的作品。

（5）延伸活动

玩彩蛋：请幼儿发挥想象力，试一试彩蛋的多种玩法（滚、转、抛、立、碰鸡蛋等），幼儿比赛看谁的玩法多。

放风筝：到户外场地将自己制作的风筝放起来，比一比谁的风筝飞得高。

4.古诗及诗歌朗诵会

（1）请小朋友提前学习一些关于清明节的诗歌、故事、歌曲等。

（2）和幼儿一起布置小舞台、选择小主持人。

（3）请每个小朋友表演自己的节目，邀请家长参与活动，亲子表演或当观众。

活动反思：

清明节是我们中华民族的传统节日，通过图片、传说、故事等形式让幼儿了解清明节的由来、发展、习俗、节令食物等；并观看一些近代革命烈士的视频，如《雷锋的故事》、《英雄王二小》，将先烈们的感人事迹鲜活地展现在幼儿面前。在看了革命烈士的视频和现代英雄的事迹后，全班幼儿低头默哀，缅怀革命先烈们的丰功伟绩，把自己亲手做的小菊花，献给长眠在地下的革命先烈和英雄们。通过这一系列活动，在了解传统节日的同时，进一步激发了幼儿爱祖国、爱家乡、爱他人的情感，懂得了今天的幸福生活是无数先烈们抛头颅，洒热血，用自己宝贵的生命换来的，要珍惜、珍爱自己的生命，尊敬父母长辈，做一个会感恩的人。

通过动手制作菊花、风筝、彩蛋等，训练幼儿手指的灵活性，培养幼儿动手能力以及想象力；并把创设主题墙饰的任务交给孩子，和孩子们一起设计情景，将制作好的作品粘贴在墙面上，用这样亲身参与的方式加深了孩子们对清明这一传统节日的理解。

最后的诗歌朗诵，孩子们争相展示自己会的关于清明节的古诗、诗歌等。这不仅可以培养幼儿高尚的情操，提升幼儿的个人修养，还可以帮助幼儿充分感受中华民族源远流长、博大精深的传统文化的魅力。

本次活动尽量贴近实际、贴近生活、贴近幼儿，精心设计了幼儿乐于参与、便于参与的活动，收到了预期效果。今后我们将继续利用传统节日这一活动形式将美德教育和爱国主义教育融入到日常教育教学当中，帮助幼儿从小树立正确的世界观、人生观、价值观。

端午粽飘香

——端午节活动纪实

李然

端午节是我们中华民族的传统节日，为了让幼儿更好地了解端午节的来历及风俗习惯，感受端午节丰富的文化内涵，积极参与端午节活动，体验节日的快乐，激发爱国主义情感，在端午节前后我们组织幼儿进行了一系列的教育活动。

在端午节的前几天，我们利用观察图片、观看视频等形式和孩子们进行了与端午节相关的谈话活动。讲一讲端午节的来历和传说故事，说一说端午节时要吃的食物，谈一谈端午节的传统活动。孩子们还在爸爸妈妈的带领下从书店里购置了各种版本的端午节故事书，并兴致勃勃地把书带到幼儿园里来，互相讲述着端午节的故事，欣赏着书中独具中国特色的画面，快乐地了解着这个既陌生又熟悉的传统节日。老师们也精心挑选了一些有代表性的图片，将其粘贴在班级和走廊的墙壁上，孩子们利用散步和环节时间饶有兴致地互相讲述着图片上的端午节故事和传说。

在美工区，老师利用家庭资源，请家长为每位幼儿准备一个漂亮的香包和彩葫芦带到幼儿园里来，并悬挂在班级美工区上方的空间里和墙壁上，带领孩子们细致地观察。同时也为孩子们准备了制作香包和彩葫芦的剪刀、各种彩纸、彩带、胶水、彩笔、彩绘棒等材料，让孩子们发挥想象力，大胆地制作和装饰。在看过赛龙舟的视频之后，孩子们利用老师提供的材料制作出了栩栩如生的龙舟，经过老师们简单地修饰，一艘艘

龙舟活灵活现，在水面竞相追逐。

在端午节的前一天，我们还请来了几位巧手奶奶，和孩子们一起包粽子。首先孩子们认识了粽叶、马莲、糯米等包粽子的材料，接着奶奶们展示包粽子的方法。在奶奶们的精心指导下，一双双稚嫩的小手“忙碌”地穿梭在一张张翠绿欲滴的粽叶间，小嘴巴还不断地问着：“是这样吗，奶奶？”在孩子们的辛勤努力下，一个个形态各异的粽子跃然桌上，虽然还需要奶奶们的二次加工，但蕴含着孩子们的心血和爱国情感。

和奶奶们学完包粽子，老师又把早已准备好的五彩线为孩子们系在手腕上，并告诉孩子们系上五彩线，小虫子就不会咬了，小朋友就会健健康康，平平安安。

端午节那天，食堂里的叔叔阿姨们把孩子们亲手包的粽子端到班级，孩子们自己剥粽子，自己剥鸡蛋，吃着香喷喷、热腾腾的粽子，开心极了。

为了让孩子们更加深刻全面地感受到端午节的风俗和传统文化，老师们还搜集了许多各民族、各地方的童谣和歌曲，教给孩子们朗诵和表演。这些朗朗上口的童谣可谓是端午节系列活动的精华，不但丰富了孩子们的经验，还激发了孩子们的爱国主义情怀。

端午节系列活动的开展，让幼儿感受到做中国人的光荣。体验中国传统文化的源远流长，丰富幼儿的节日文化知识。在活动中让幼儿展现自我，发展自我，进一步培养他们的主体参与意识、动手能力和团结合作的精神。

团团圆圆过中秋

李然

中秋节，每年的农历八月十五日，又称月夕、秋节、仲秋节、八月节、八月会、追月节、玩月节、拜月节、女儿节或团圆节，是流行于中国众多民族与东亚诸国中的传统文化节日。因其恰值三秋之半，故此得名，也有些地方将中秋节定在八月十六。

为了提高幼儿对我国传统文化的认识与兴趣，加深对祖国悠久历史文化的热爱之情，培养幼儿的爱国情操，每年中秋节前夕，我们都会开展一系列活动，创设适宜的环境，带领幼儿在活动中感悟传统节日的重要意义。

活动一：吟经颂典识中秋

在中秋节前一周，老师们会带领幼儿通过谈话讨论、阅读绘本故事、和爸爸妈妈一起搜集与中秋节相关的文字资料或图片、学说中秋儿歌、学唱中秋歌曲、背诵古诗等活动，让幼儿简单了解中秋节的起源与发展，并通过唤起幼儿已有经验，再配合图片等形式让幼儿了解中秋节的习俗、中秋节的食物及中秋节的意义。

活动二：动手动脚玩中秋

教师根据不同年龄的幼儿特点为幼儿准备了不同层次的操作活动，如：小班幼儿利用粘贴、涂色、撕纸等活动装饰月亮、月饼；中班幼儿利用绘画、渲染、泥工、废旧材料制作等形式创意制作月亮、月饼、灯笼等与中秋节相关的物品；大班幼儿在认识简单月相、了解月相变化规律的基础上，利用剪切、粘贴、折纸、亲手制作月饼等，以此进一步完善中秋节的活动。

活动三：说说唱唱闹中秋

每年的中秋节前夕，园里都会组织幼儿进行“中秋经典诵读歌咏会”活动，幼儿在老师们的精心指导下编排出生动活泼的节目，如：歌曲表演、故事表演、诗词诵读等。孩子们在对故事、儿歌、歌曲和诗词的学习及节目的编排和表演过程中了解传统文化，感受中秋节的快乐。

活动四：做做尝尝品中秋

在中秋节当天，幼儿园还会邀请我市面点制作企业的著名月饼制作师傅来园亲自教授大班的幼儿和老师们制作月饼。孩子们在面点师的指导下一起和面，一起揉面团，一起包馅，一起用月饼模具打月饼，孩子们捧着做好的小月饼，如获珍宝一般。当看到香喷喷的

月饼热气腾腾地从烤箱里取出来，孩子们兴奋得又蹦又跳。晚上离园时，老师把孩子们亲手制作的月饼一个个包装好让幼儿带回家。有的孩子一直舍不得吃；有的孩子吃完后在家里教爸爸妈妈一起制作，还带给老师和小朋友们一起品尝；还有的孩子直到家里人都团聚在一起的时候，才小心翼翼地将月饼分给大家吃。孩子们在制作月饼的过程中感受着中国人的智慧，品尝着香甜的美食。

通过中秋节系列活动，增强了幼儿对传统节日——中秋节的认识和了解，增进了亲子之情，提升了幼儿的幸福感和民族自豪感，丰富了幼儿对传统节日的经验积累，使幼儿真正体会到了中秋节的欢乐氛围，让幼儿深刻感受到了“团圆”在中国人心中的重要意义。

重阳节活动方案

李然

农历九月初九，是我国的传统节日重阳节。重阳节又叫“老人节”，尊老、敬老是中华民族的传统美德。重阳节带给我们的不仅仅是登高、赏菊、吃重阳糕，而是要创建一个爱老、敬老、养老、助老的氛围，从小培养尊老、爱老的优良习惯。我们在重阳节即将来临之际，组织孩子们了解重阳节的来历、风俗等方面的知识，并将自己的爷爷、奶奶邀请到幼儿园互动，用自己的方式表达对老人的关心和爱意。

活动目标：

1.带幼儿了解重阳节的风俗及民族文化含义。

2.鼓励幼儿自己动手，做礼物送给老人，提高动手能力。

3.培养幼儿尊敬老人、关心老人的良好品质,弘扬中华民族尊老爱幼的优良传统。

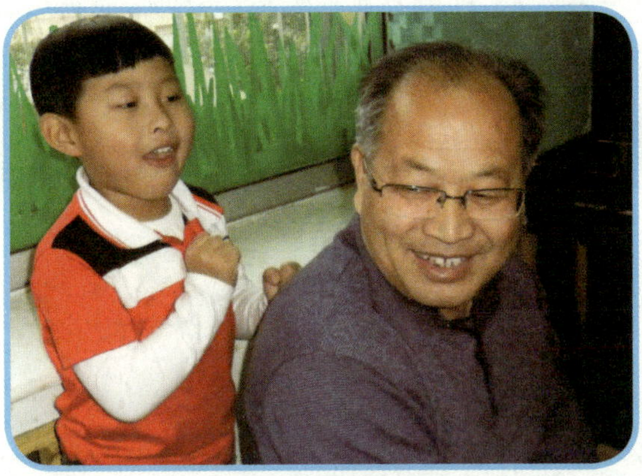

活动准备：

1. 了解重阳节的来历传说，了解重阳节的习俗。

2. 准备一些小节目。

3. 请爷爷奶奶准备表演的节目。

4. 教师和幼儿提前学习歌表演《感恩的心》。

5. 请幼儿自己动手制作一朵康乃馨，献给爷爷奶奶。

6. 菊花茶、一次性纸杯若干。

活动内容：

一、引出主题

1. 老师引出重阳节主题

师：每年的农历九月初九是重阳节，它是我们中国的传统节日，也是爷爷奶奶们的节日。今天，我们把爷爷奶奶请到幼儿园，和他们一起过节，你们开心吗？

2.介绍重阳节的来历和风俗。

二、互动环节

1. 给老人们献上精心编排的歌曲、舞蹈等节目。

今天是爷爷奶奶们的节日，我们一起来表演一些节目给他们看，好吗？

歌曲：《我上幼儿园》。

律动：《我的小手》。

歌表演：《小猪吃得饱饱》。

儿歌：《拍皮球》。

2. 请爷爷奶奶进行才艺展示（广场舞、书法等）。

3. 爱你一家亲。

为老人捶背，送上一杯菊花茶等等，伸出自己的小手，献出自己的爱，使老人感觉到温暖。

4. 赠送礼物。

小朋友将自己制作的康乃馨花送给自己的爷爷奶奶，让他们看到自己的本领，认识到自己在长大。

三、活动结束

1. 全体幼儿表演《感恩的心》。

2. 搀扶爷爷奶奶下楼，道别。

四、延伸活动

请孩子们在日常生活当中帮助爷爷奶奶做力所能及的事。

活动反思：

通过我们开展的这次亲子活动，让孩子们感受到传统节日中的亲情和我国悠久的历史，知道了过重阳节的风俗习惯。同时也了解了爷爷奶奶们为了子孙后代的成长，付出了许多心血，我们要尊敬和关心老年人，平时为爷爷、奶奶做一些力所能及的事。活动的开展也锻炼了幼儿社会交往能力和口语表达能力，使他们敢于在公众场合大胆表演、表现，增强了幼儿的自信心。

实施节日课程 发现身边的科学

幼儿的科学教育是科学启蒙教育，“幼儿科学学习的核心是激发探究兴趣，体验探究过程，发展初步的探究能力”。自1999年开始，我园曾先后参与国家科技部、教育部九五课题“中小幼现代科技启蒙教育”、十一五科技课题“现代科技环境教育”的研究。在课题研究中，为幼儿创设有准备的科技教育环境，让幼儿在与环境和材料互动的过程中观察、探究、操作、记录、表述，不断拓展思维、丰富知识、获得经验的积累和能力的提升。在多年的课题研究中我们吸收了先进的教育理念，积淀了丰富的活动内容，研发投放了多种多样的操作材料。一路走来，如今科技教育已成为我园的特色教育。

为了更好地体现我园的科技教育园本特色，引领幼儿探寻了解日常生活中无处不在的科学现象、科学知识、科学发明，感受科学就在我们身边、科技带给我们的便捷，我园将每年的11月份确定为科技活动月。在历时一个月的科技活动课程中，通过前期宣传、环境创设、幼儿实践、科技知识竞赛、家长客座、亲子科技游园、科学小问号活动等多种形式创造性地将主题元素与科技节相结合，凸显节日活动的整合性、多元性、文化性、趣味性，让节日成为提高幼儿各项能力的载体。

一、营造浓厚氛围，激发参与兴趣。

科技节是一个全员性的节日活动，以科技为主题提出了“探索奥妙，玩转科学”的节日主题词，并在幼儿园大门口上方悬挂“科学在我身边，科技伴我成长”的横幅；在一楼大厅放置漂亮醒目的科技节活动宣传海报，介绍活动时间和活动内容；在楼门口张贴“科技节活动倡议书”，向家长和社会宣传科技教育对孩子发展的重要性，倡议家长为幼儿创造更多的条件，引导幼儿参与到活动中来；鼓励幼儿用明亮的眼睛去发现、用智慧的头脑去思考，积极进入科学探索之旅。同时，向所有家长和幼儿征集科技节徽标。通过一系列的前期准备工作，家长和幼儿对科技节活动都充满了期待。

二、创设丰富的环境，引领幼儿积极参与。

每年的科技节进行时，正值本地区的深秋时节，结合季节特征，我们在一楼大厅进行果蔬造型拼摆、农作物展示、树叶粘贴作品展和自然景物图片展等，展现季节轮回带来的变化。在一楼大厅悬挂红辣椒、大蒜、山楂、蘑菇等，感悟大自然给予我们的馈赠，引领幼儿感受大自然的丰富多彩。在公共走廊布置中大班幼儿“科幻画展”，透过孩子们稚嫩的笔触，感受他们无拘无束、天马行空般的梦想与创造。同时，组织老师们通过废旧材料制作的形式，悬挂手工作品，打造科技长廊。为突出科技节的科技特色，我们在公共走廊创设“电话的发展史”、“车的发展史”、“毛毛虫变蝴蝶”、“小蝌蚪变青蛙”、“中国航天发展史”、“八大行星的秘密”、“科学书吧”等科技主题环境。置身其中，幼儿在潜移默化中感受科技的氛围，在耳濡目染中激发探究的热情，在参与体验中探究科技的奥妙。

三、开展丰富多彩的活动，让幼儿在活动中获得发展。

为了更好地体现科技节“科学”、“体验”、“创新”、“成长”的文化内涵，在进行节日课程的过程中，以科技教育活动、科学小实验、家长客座、幼儿科技知识竞赛、科幻画展览、“我身边的科学”科技图片展、科学放映厅、科学小问号以及结合半日开放进行亲子科技游园等内容丰富、形式多样的活动，引领幼儿感受科学现象的神奇有趣，感受现代科技产品为我们的生活带来的方便快捷；在大胆操作、观察发现、积极竞猜、记录表述的过程中丰富认知、积累经验、提升技能；在亲子同乐、共同参与的过程中增进亲子感情，共同体验科技游戏的乐趣。

“科学启迪智慧、科技创造未来”，科技节主题课程的实施，从身边熟悉的事物、现象入手，在环境濡染中激发幼儿发现探究的兴趣，在大胆尝试、动手操作、思考表达中培养了幼儿的科技素养，在宣传互动中普及了家长的科技意识，在策划实践中提高了教师的科学教育实践能力，积极推动了我园科技教育的不断深入开展。

百变机器人

李庆贺 王可

在我园的科技节活动中，为了积极践行环保、节约的理念，我们充分利用废旧材料和各种纸箱、纸盒开展了“百变机器人”主题活动。

为了营造良好的科技节活动氛围，在创设活动室环境时，我们制作了两个大型机器人摆在教室门口处做“迎宾先生”，迎接来参与活动的幼儿。“迎宾先生”很好地激发了孩子们亲手制作机器人的欲望。活动室门四周，孩子们利用报纸剪裁拼贴出了机器人进行装饰，活动室内，收集了多种机器人、变形金刚等玩具模型进行展览，在窗户上我们也粘贴了教师剪的机器人窗花，使科技节氛围浓厚、热烈。

由于参加活动的幼儿年龄段不同，我们将活动内容分成了三个区域：小班组用圆形纸片、扭扭棒、橡皮泥等材料制作弹簧小人，简单易学，小班幼儿完全可以动手设计不同的造型并自主完成；中班组主要利用小纸盒、纸条等材料来制作小型机器人，既简单又能让幼儿体会到参与制作机器人的乐趣；大班组则利用大纸箱、纸盒、瓶盖、纸筒、羽毛球等各种废旧材料制作大型机器人，幼儿可以和家长一起制作，共同体验亲子合作的乐趣。

案例一：我想做机器人

小二班的轩轩在教室门口探出头来，犹犹豫豫着。“轩轩，进来玩呀！我们这里是制作弹簧小人哦，要不要来玩？”轩轩在门口朝我露出笑脸，等妈妈赶过来，拉着妈妈的手，一起走了进来。“这里是宝宝们可以自己动手制作的弹簧小人，来和妈妈一起做一个吧！”我把他们引到小班活动区域。“我喜欢这个小人！”轩轩一边高兴地喊着，一边去选择自己需要的材料，轩轩的动手能力很强，没怎么需要妈妈的帮助就完成了弹簧小人的制作，完成之后依然坐在小椅子上四处张望，看起来有些意犹未尽。“我想去那边玩儿。”轩轩伸出右手，指向窗边，我回头去看，那里是中班幼儿制作小型机器人的区域，我不假思索地回答：“那里是中班哥哥姐姐玩的区域哦！对你来说有些难度。”听了我的话，轩轩有些不开心，妈妈也在一旁劝轩轩：“是呀，那里的你也不会做，不如我们去别的班级玩好不好呀？”“可我喜欢机器人，只有这个班级是做机器人的。”轩轩撅起小嘴，委屈地回答。我赶忙说：“轩轩，如果你喜欢，就和妈妈一起去试试吧！”“我可以去了？”轩轩见我这么说，欣喜地问道。“当然了，既然你那么喜欢机器人，我相信你一定会做好的，要加油哦！”“嗯，老师，我做好了拿给你看！”轩轩开心极了，拉着妈妈匆匆跑向中班区域，迫不及待地动手制作起来。我没有跟过去，只是站在一旁观察着，只见轩轩选择好了材料，在妈妈的帮助下，利用白胶把小纸盒粘在一起，小机器人的身子就完成了，而腿和胳膊有难度，是将两张纸条互相压着反方向折叠而成的，在轩轩妈妈的示范下，轩轩也动手折叠了小机器人的两条小胳膊，虽然边线还没有对齐，但那歪歪斜斜、颤颤巍巍的小手让机器人看起来更加生动可爱了。看着轩轩幸福的笑脸，我反思自己，不经意的一句话，差点打消了孩子大胆尝试的积极性，科学在孩子们的世界里没有难易，《3~6岁儿童学习与发展指南》中曾指出，“幼儿科学学习的核心是激发探究兴趣，体验探究过程，发展初步探究能力。”作为教师，我们更要善于发现和保护幼儿的好奇心，为他们创设一个良好的科学探究环境，鼓励幼儿积极探索，获得经验。

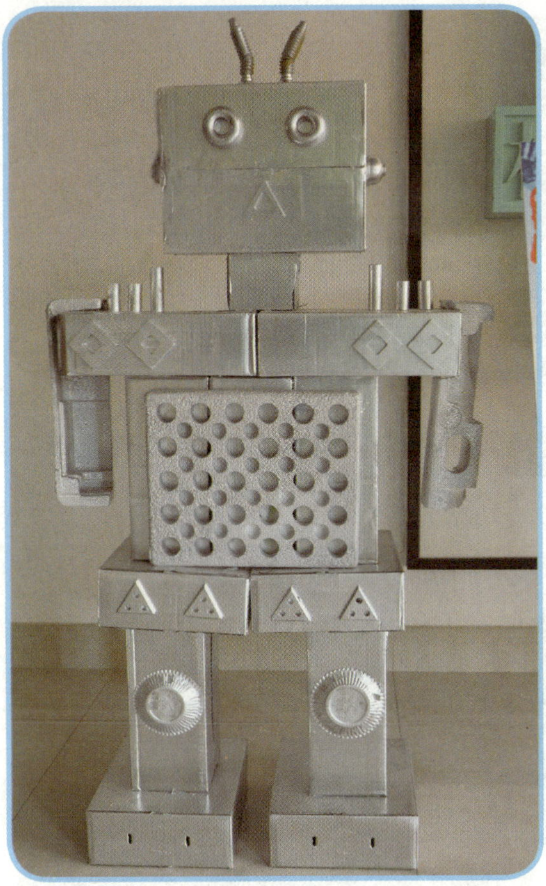

案例二：做个桃心机器人

动手制作一个比自己个子还要大的机器人，是让孩子们再兴奋不过的事了。“我要和小欢一起做一个超级大、超级高的机器人！”小乐拉着小欢的手，蹦着高儿地对爸爸妈妈说着，一旁的木木听见了，不服气地叫嚷着要比赛。话音未落，几个孩子就匆匆投入到机器人的制作中，搬完纸箱找胶带，忙得不亦乐乎。在家长的帮助下粘牢了机器人的身体，小家伙们又开始想新花样了，“我在游乐场里见过一种机器人，他的肚子上有个大桃心，旁边还有按钮，一按就会掉出一个小球球，特别好看，咱们做那个怎么样？”小乐悄声跟小欢说，看样子是怕“竞争对手”听见。“好呀，好呀，我也见过！”“那我去找材料。”小乐说完，走到材料区翻找起来，先找来了一个装衬衫的盒子，再寻找时，遇到了难题，没有心形的材料怎么办？“用彩纸剪成桃心的形状怎么样？”小欢想出了好主意，说做就做，俩人用剪刀剪出一张红色的桃心形状，粘在了衬衫盒子上面，粘好后，小乐盯着盒子看了好半天，忽然说：“不好看不好看。”那还能怎么做呢？俩人又犯难了，小乐随手捡起个瓶盖把玩起来。“瓶盖？”小乐拍了拍手，“这不是瓶盖嘛！”“瓶盖能做什么呢？”小欢在一旁问。“我们把瓶盖粘到心形彩纸上，看看好看不？”俩人又立即动起手来。 “好漂亮！”他们把各种颜色的小瓶盖粘贴在心形彩纸上，既保持了桃心的形状，又比单薄的彩纸看起

来更加立体了，两个小伙伴对自己的创意很满意。接下来，利用薯片桶、鞋盒制作了机器人的胳膊和脚，又在爸爸妈妈的帮助下把机器人头顶上的天线粘贴好，就这样小乐和小欢的大型机器人完成了。“真好看！”两个小伙伴完成的机器人引来了身边小朋友和家长们的注目，纷纷称赞他们的想法有创意。

在这样的环境氛围里，幼儿作为环境的主人，自主地选择活动材料，去发现、去探索，一起寻找问题的答案。而作为教师的我们，更要真诚地接纳、多方面支持和鼓励幼儿的探索行为，激发幼儿的好奇心和探索欲望。

“百变机器人”科技活动方案

活动主题：百变机器人

活动目标：

1. 充分发挥幼儿的想象力和创造力，制作出各种不同造型的机器人。

2. 体验亲子科学活动的乐趣，并积极参与到活动中。

活动准备：

1. 大小机器人模型若干。

2. 连接材料：透明宽胶带、强力胶、美工材料。

3. 废旧材料：泡沫、纸箱、纸盒、瓶盖、塑料瓶、毛线、纸杯、光盘、报纸、纸盘、纸板。

环境创设：

1. 窗户前吊饰：拼插积木造型。

2. 窗台摆放各种机器人模型。

3. 机器人图片，吊在饰帘上。

4. 主墙面上方吊大型飞机模型。

5. 制作大型机器人摆放在班级门口，另有班级流动机器人与幼儿互动。

活动内容：

1. 教师引导来参与活动的幼儿参观班级环境，向幼儿介绍各种不同形状、不同用途的机器人。

2. 向幼儿介绍各种制作材料及辅助用品。

3. 幼儿根据自己的想象选择各种材料，与家人一同制作大小不同的机器人，教师给予提示或指导、帮助。

好玩的纸浆

刘晓磊　丛玲玲

一年一度的科技节又到了，为了让幼儿在玩中发现身边的科学、在玩中感受艺术的熏陶，我们班开展了“好玩的纸浆”主题活动。

一、用心布置环境引发幼儿兴趣

为了引发幼儿对活动的兴趣，我们对班级环境进行了深入改造。首先在教室里悬挂、摆放了大量的纸浆作品照片，早上孩子们一来园就发现了变化。嘉嘉说：“老师这个小鸭子可真漂亮，是你画的吧？”阳阳说：“这个相框可真帅，我也想要！”续续说：“这是老师买的吧！不然怎么这么好看？”孩子们的谈论，说明他们对这个纸浆作品很感兴趣，我趁机介入：“孩子们，这是用纸做的哟”“啊？纸做的，那怎样做呢?”我故作神秘状：“这个问题留给你们，我们回去和爸爸妈妈一起找找答案！”

环境对孩子的吸引力是巨大的，我们的纸浆作品因其色彩鲜艳、立体形象、质地独特，无论是悬挂还是摆放都是很吸眼球的，再加上我们选择的都是孩子们喜欢的图案，如喜羊羊、机器人、灰太狼等等，气氛一下子热闹起来，相信孩子们一定会带着自己的疑问积极地与环境材料互动起来的。

二、探索纸浆的秘密

谭茗阳问丛米乐：“你知道纸是用什么做的吗？”乐乐说：“纸这么白是用面做的？”周启源说：“不对，不对，我听妈妈说纸是用树皮做的！”孩子们的话语吸引了我，我很愿意和孩子们一起探索纸的奥秘。我们一起研究怎样才能做出纸浆来，为此我们对悬挂的作品进行了分析，看看作品上细腻的纸浆还很有黏性，它是怎么做成的呢？张芮滋说：“这纸变成这么小，一定是用手把纸撕碎的！”任有泽说：“不用，不用，就像妈妈打鸡蛋一样用打蛋器打碎呗。”“要想成功做出纸浆还要有胶水帮忙呢。”我在旁边提醒道。

于是我们一起开始了制作纸浆的活动。活动中，孩子们一起动手探索制作纸浆的方法：撕纸——浸泡——搅拌（加胶水），孩子们忙得不亦乐乎。整个过程中，他们努力地寻找着胶水和纸的使用比例，纸浆终于变黏了，“可是怎样才能变成五颜六色的纸浆呢？”我又一次把问题抛给了孩子们。张汇晨说：“用水彩笔涂色吧！”鞠尚锡说：“这么多的纸浆我们得涂多久呀？”刘钥缇说：“我和妈妈去南方看过别人染布，能不能也那样染纸浆呀？”“那我们用什么染纸浆呢？”孩子们的智慧真是不可估量，我听着孩子们的话拿出了颜料，和孩子们一起一次次尝试着调整纸浆和颜料的比例，调染出了各种颜色的纸浆，染色活动终于在一次次的探索中获得成功。万事俱备，只等孩子们放开手脚去做纸浆作品了！

三、纸浆作品的创作

接下来我们根据不同年龄段的幼儿，提供不同的材料。如小班投放已经画好的图案让幼儿取纸浆粘贴装饰即可；中班的孩子可以在此基础上创新，如我们提供了各种酒瓶，孩子们可以根据自己的想法装饰瓶子；大班的孩子可以进行大的立体造型创作，如长城、楼房、火车等等。

孩子是天生的艺术家，一幅幅漂亮的作品完美地诠释了“艺术家”一词的真正含义。在活动中，孩子们静下心来沉思，大胆动手创作，真的像一个个小艺术家。周圣一说：“老师，咱们可以用纸浆来做相框呀，正好咱们班有这么多照片。”好主意，我们马上投入到制作中。孩子们在制作时大胆设计相框的造型和样式，忙得不亦乐乎。“老师可不可以把纸浆画在纸筒上，做出不同图案呀？”白金越兴致勃勃地问。“真是个好想法！”一段静谧的时间过后，孩子们都捧着自己的作品兴奋不已。我们等待纸浆作品晾干，并悬挂起来，教室里又出现了一批美轮美奂的纸浆吊饰。

在班级的环境创设中，让孩子们同乐、同思、共同谋划，有效地促进师师之间、幼幼之间、师幼之间的协商、合作、交流，增强了孩子们的小主人意识和责任感，同时我们合理有效地利用空间，使其成为动态的、多元的教育环境，让孩子们在发现身边的科学主题引领下快乐学习。

科学教育的价值取向不仅是静态知识的传递，更多的是培养幼儿对事物的情感和态度，通过科学活动使幼儿能与他人及环境积极交流、和谐相处。因此我们在创设科技节环境时，注重从科学性、生活性、兴趣性、实践性、尊重性出发，注重从幼儿的生活环境周围取材，努力顺应幼儿的探究兴趣和好奇心，让幼儿发现身边环境中蕴藏的科学内涵，体验科学带来的乐趣。

“好玩的纸浆”科技活动方案

活动主题：好玩的纸浆

活动目标：

1. 在活动中培养幼儿动手能力，能够利用纸浆创作作品。

2. 培养幼儿的创造性，借助材料大胆创造，提高幼儿的审美能力。

3. 激发幼儿探索精神，通过操作活动乐于探索纸浆的多种造型。

活动准备：

纸浆、纸盘、瓶子、颜料、报纸、白乳胶、刷子、老师事先做好的纸浆作品。

环境创设：

室外：班级门口悬挂科技节主题名称“玩转纸浆”。

悬挂科技节口号：科学泡泡，动手动脑。

室内环境布置：

（1）悬挂纸浆挂饰。

（2）悬挂纸浆相框。

活动内容：

老师根据幼儿不同年龄特点分别指导幼儿进行纸浆作品创作：

1. 小班：指导幼儿在纸盘上涂抹纸浆，然后进行涂色、画画。（可以事先在纸盘上画好画请幼儿填色）

2. 中班：指导幼儿在瓶子上涂抹纸浆，之后进行艺术创作。

3. 大班：指导幼儿进行立体创作，如假山、亭台、楼阁、长城、蛋糕等造型，可以合作完成。

美丽的彩虹

李杰 任玺

《3~6岁儿童学习与发展指南》指出：幼儿科学学习的核心是激发幼儿的探究兴趣，体验探究过程，发展初步的探究能力。幼儿的好奇心很强，老师要引导幼儿通过观察、比较、操作、实验等方法，去发现问题、分析问题和解决问题，帮助幼儿不断积累经验。

彩虹糖是幼儿非常喜欢的一种食物，用彩虹糖作为实验材料，可以充分调动幼儿的积极性，激发幼儿的兴趣。同时，彩虹糖的溶化也是幼儿在生活中常见并感兴趣的科学现象。因此，在科技节活动中我们利用彩虹糖上面的颜色溶解的特点，设计了“美丽的彩虹”科学实验活动。在活动中，我们通过创设怎样让彩虹糖上的颜色溶解成一道美丽的彩虹的游戏情境，引导幼儿通过看看、猜猜、做做等多种方法，在亲自实验的过程中发现彩虹糖遇到水就会溶解这一科学现象，激发幼儿的好奇心，感受色彩变化所带来的惊喜。

为了凸显彩虹这一主题，我们和幼儿做了很多彩虹吊饰悬挂在活动室里。这些彩虹有的是用开心果壳粘贴的，有的是用毛线，还有的是用颜料涂成的。在粘贴果壳或毛线时，孩子们表现出了耐心和高度的专注力。只见曲书卉用稚嫩的双手捧了一大把果壳，对张瑛芮说：“咱俩一起粘这道彩虹吧。”曲书卉边粘边认真地对张瑛芮说：“要一个挨着一个粘，这样粘得快，而且不会有缝隙。”有的孩子则选择用毛线粘贴彩虹，只见他们抓起一些短毛线头，洒在框框里，为了让毛线能够粘贴在上面，用小手轻轻地按下，一切都是那么地小心翼翼。没有亲眼看到孩子们的制作过程的人，大概不会相信是孩子们的作品。用

颜料涂色的过程，也需要孩子们专注、仔细地进行操作，不能将颜料涂到框外面去。当孩子们看到他们亲手做出来的一道道彩虹悬挂在活动室时，都兴奋地拍起了小手。

实验活动开始了，孩子们在仔细观看了流程图后，认真地在纸盘里摆放一颗颗彩虹糖，然后捧起水杯轻轻地倒入温水，小眼睛就一刻不离地盯着纸盘。当他们看到纸盘里慢慢出现了五彩缤纷的颜色时都很兴奋，但又显得小心翼翼的样子，仿佛怕把那些美丽的颜色吓跑一样。等到所有的颜色都呈现时，孩子们兴高采烈地喊了起来："我的成功了，我的糖变出彩虹啦！"周围的小朋友纷纷围过来分享着这份喜悦。

当所有的作品都完成并展现在我们面前时，孩子们激动地拍着小手："这是我们的彩虹乐园！"离园的时间到了，孩子们仍不肯走，牵着妈妈的手来到班级用小手指着彩虹："这是我们做的彩虹，好看吗？"

此次活动不仅让孩子们在环境创设中学会了坚持，懂得了做事情一定要进行到底才会有所收获的道理，而且学会了团结协作，体验了合作的乐趣，同时在科学实验的过程当中学会了操作、观察和解决问题的方法。相信孩子们在不断积累经验的过程当中，也一定会养成终身受益的良好的学习态度和培养出较强的动手能力！

"彩虹乐园"科技活动方案

活动主题：彩虹乐园

活动目标：

1. 初步感知彩虹糖在水中溶化的现象，愿意用语言表达自己的发现。

2. 能按实验步骤进行操作，并能注意观察实验中的现象。幼儿可根据自己的年龄特点，进行相适应的记录。

3. 感受色彩变化所带来的惊喜。

活动准备：

彩虹糖若干，白纸盘若干，装有小半杯水的一次性纸杯若干，勺子若干，胶卷盒若干，记录纸多份。

环境创设：

1. 用KT板和皱纹纸做几道彩虹悬挂在活动室。

2. 以溶解为切入点，进行图文说明，并悬挂在活动室中。

活动内容：

方法一：

1. 取出带有圆点标识的一次性纸盘。

2. 取出彩虹糖按圆点摆放，每个圆点上放一种颜色的彩虹糖。

3. 取温水倒入一次性杯子

的中心圆点处。

4. 等待观察。(糖会慢慢融化，并向中心处扩散形成美丽的颜色)

方法二:

1. 把巧克力豆按颜色分类。

2. 把颜色不同的五颗巧克力豆放到同一个胶卷盒里，往里面加点水，盖好盖子摇晃几下，然后把巧克力豆取出来，这样就得到了彩色溶液。

3. 接下来用铅笔在一张过滤纸的中央捅一个小孔；再取一张滤纸，把它做成圆筒状，一端插在第一张滤纸的小孔里，另一端放入有彩色溶液的胶卷盒里。

奇妙风筝屋

李然　李晓禾

像鸟儿一样自由地在天空飞翔是每个孩子的梦想，退而求其次，能将美丽的风筝自由放飞，同样能让孩子们欣喜若狂。结合这个兴趣点，在“第三届亲子科技节活动”中，本班开展了“奇妙风筝屋”的主题活动。旨在通过本次科技节活动，让幼儿亲历制作风筝的过程，发现风筝的制作原理，探究风筝能在天空飞行的秘密，进而在放风筝的过程中体验成功的喜悦和游戏的快乐。

本次活动之前，我们在家长们的积极配合下，收集到了许多有不同图案、不同款式、来自不同地域的风筝，并将这些风筝挂在了班级的墙上、天花板上、窗子上、门上，这些风筝颜色鲜艳，摆放有序，类别清晰，

令每个来到“奇妙风筝屋”的大朋友和小朋友都赞叹不已。特别是我们手工制作的风筝故事图片和风筝发展史的图片，内容丰富、图案清晰、色彩亮丽、美观大方；粘贴位置与幼儿观看的视线平行，方便幼儿观察欣赏。每一个来到风筝屋的孩子都会吃惊地说：“哇——，真是奇妙的风筝屋呀！”孩子们带着充满期待的眼神，欣喜地看着每一个漂亮的风筝，拉着家长的手不停地问这问那。在这间小小的教室里，我开始带着孩子们讲着风筝的故事，观察风筝，欣赏风筝，讨论风筝的造型、颜色、花纹、图案以及风筝的特点。有的孩子会大声地叫着：“我的风筝也是这样的。”显然他在为自己有一个和老师说的一样的风筝而感到自豪。有的孩子还发现了风筝的对称性。这些都是孩子们在大量的观察之后发现的风筝的秘密。

在细致观察之后，我就问孩子们：“风筝为什么能够飞上天呢？”

俊俊说：“风筝那么轻，风一吹就飞上天了呗！”

我接着问：“风筝那么大，为什么还那么轻呢？”

琦琦说：“因为风筝是用绸子做成的。”

“不对，老师说过风筝是用绢做的。绢是一种很轻很轻的布。那是古代的布。”

小熙说：“风筝越大飞得越高，因为它是可以把风给兜住的。兜住风，就飞起来了。”

“但是风筝是平的，又不是弯的，怎么能兜住风呢？”就这样孩子们一直在讨论风筝飞起来的原因。后来孩子们还把这个问题投向了后面的家长朋友。最后有一位家长朋友用手机在百度网上搜到了答案，并解释给孩子们听。也许孩子们并没有听明白其中的原理，但是这个小小的问号就这样悄悄地种在了孩子们的心里。我想等孩子们做完风筝，答案很快就会揭晓。接下来，我们又讨论了制作风筝的材料、工具等问题。

在本次活动中，我们按风筝制作的难易程度分配给小、中、大班三个年龄阶段的幼儿。小班幼儿利用塑料袋、贴纸、即时贴等材料进行装饰制作；中班幼儿利用折叠包装纸的方法进行制作；大班幼儿利用水粉绘画，并粘贴风筝骨架的方式进行制作。

在风筝的制作过程中，小班幼儿自己进行粘贴，由家长帮助幼儿将毛线绳系好就可完成；中班幼儿需要在老师的指导下进行简单的折叠后由家长帮忙打孔、系绳；大班的幼儿基本上都是由幼儿自己设计风筝面上的图案，再由家长帮忙在相应的位置粘贴骨架，并系好绳子。

风筝做好了，孩子们迫不及待地带着自己的风筝到操场上放飞。有的风筝飞得很高，家长带着孩子一起放飞。有些孩子的风筝飞不起来，家长也急得满头大汗，帮孩子一起找原因。还有的孩子做得不够结实，没飞几下就散架了，急得大哭起来，没办法，家长就带着孩子一起回到风筝屋重新做了一个。还有的孩子，回到家一直在不停地做风筝，一次又一次地做着实验并不断地改进创新。

"飞天之梦"一直是人类从古至今永恒的梦想，在天空畅游，探知地球之外的未知世界也是人类不断追求的目标。小小的风筝开启了孩子们对天空的向往，打开了孩子们探知科学世界的大门。

"奇妙风筝屋"科技活动方案

活动主题：奇妙风筝屋

活动目标：

1. 引导幼儿大胆操作，学习看简单的流程图进行制作。

2. 初步了解科技与人们生活的关系，萌发热爱科学的情感。

活动准备：

准备各种颜色的塑料袋、即时贴、毛线绳、书皮纸、白纸、毛笔、双面胶、铅笔、皱纹纸等；制作流程图。

环境创设：

1. 收集各种造型的风筝悬挂在活动室。

2. 制作风筝制作流程图张贴在活动室。

活动内容：

小班

1. 准备一个塑料袋，打开平铺在桌子上。

2. 把剪好的各种颜色的即时贴和毛线绳放在托盘里，供孩子们粘贴。用各色的即时贴粘在塑料袋的正反两面进行装饰。

3. 在塑料袋的上面拴上毛线绳。

4. 最后，给风筝贴上几根飘带当做尾巴。

中班

1. 将正方形的广告纸对角折成三角形。

2. 打开三角形，把折成的对角线转成垂直的竖线，左右两边的角都各自向线内对折，角不要超过竖线，并用双面胶进行固定。

3. 粘好后对折，用铅笔的尖头在纸的外侧靠近边的地方穿孔，打开后用准备好的毛线绳向各自的洞里穿进去打死结。

4. 再用线绳把拴好的两个线绳拴在一起。

5. 最后，给风筝贴上几根飘带当做尾巴。

大班

1. 将菱形的白纸对角折好，用毛笔蘸上颜料在白纸的左侧画好图案，用画对称画的方法将白纸对折、按压，制作对称的风筝图案。

2. 将风筝面翻转过来，沿两条对角线粘好双面胶，根据风筝面的对角线长短截取适当长度的骨架，并粘在风筝面上。

3. 用一根铅笔在做好的风筝骨架交叉处的左右两边各戳一个小洞，将毛线的一端穿过两个洞系好。

4. 最后，给风筝贴上几根飘带当做尾巴。

旋转陀螺

刘宏弘　王淑芳

“好玩”是幼儿的天性，为了更好地让幼儿在玩中学，我们在科技节活动当中开展了“旋转陀螺”主题活动。本着“玩出快乐”的原则，为幼儿提供可探索的环境和丰富的可操作性材料，在愉悦的情绪中，激发幼儿摸一摸、玩一玩的探索愿望。因为探索与操作是幼儿学习科学知识，获得科学经验的主要途径和方法。为此，我们创设了“展示区”、“制作区”和“竞赛区”三个区域，让幼儿在操作、摆弄、游戏中，观察比较陀螺旋转速度与材料中心点的关系，从而获得有益的知识经验。

“展示区”设在班级入口，提供一些成品陀螺和自制陀螺。五彩缤纷、形态各异的陀螺一转起来，立即把孩子们都吸引过来了，大家纷纷围观。“妈妈，我想玩！”“真漂亮呀！”孩子们转转这个摸摸那个，兴奋不已。我问一个小男孩：“小朋友，你喜欢哪种陀螺啊？”“这个！”小男孩指着一个纸杯做的陀螺说道。“这是用纸杯做的，你为什么喜欢它呢？”我问。“因为它很好看。”“你来转一转，它转起来更漂亮，快来试试吧！”小男孩高兴地拿起纸杯陀螺转了起来，看着旋转的陀螺那美丽的色彩，他高兴地拍起了小手。孩子们在我的鼓动下纷纷选择自己喜欢的陀螺，感受着不同材料的陀螺旋转的速度、稳定性、美观度的不同。

“制作区”可制作纸板陀螺、果冻陀螺、纸杯陀螺和水瓶陀螺。幼儿可以根据自身的能力，选择制作材料和装饰方法，有绘画涂色的、有剪贴的、有各种形状的打孔器打孔装饰的等等。由于制作材料丰富，非常具有吸引力，孩子们很快地做出了一个个自己喜爱的陀螺。

“竞赛区”是展示自己作品的区域。“老师，你看，我的陀螺比他的转得快而且时间长。”小强抓住我的胳膊兴奋地喊。“我没转好，我们再比！”萌萌不服气地说。“比就比，老师当裁判！”“噢！我赢了！”小强高兴地大叫，萌萌低下了头。“为什么你的陀螺会比他的转得快

且时间长呢？”我提出问题。于是两个孩子研究起来，比较了一会儿，似乎发现了问题，“我们做的陀螺用的木棍不一样，我的这个轴心是用蘑菇钉做的，她的轴心是用火柴做的。”小强说。“嗯，有可能，萌萌，你也换一个蘑菇钉试试。”萌萌快速地换上了蘑菇钉轴心，两个人再次比赛，仍然是小强的陀螺转得时间长。“这是为什么呢？”我质疑地问。两人又认真地研究起来，“我发现了”经过反复比较，小强有所发现：“萌萌的陀螺洞太大了，插上蘑菇钉太松，就转得慢。”“你想不想赢他？”我问萌萌，萌萌使劲地点点头对小强说：“你等着，我一定能赢你！”说着走到桌子前重新开始了思考和制作。

教师关于旋转时间和速度的质疑，提升了幼儿探究的欲望，使幼儿从原来自发的、无序地玩，变成了有序、有目的的探索活动，发现陀螺旋转的奥秘，丰富了幼儿的认知经验，激发了幼儿积极探究新事物的欲望，在他们幼小的心灵中埋下了一颗“科学”的种子。

“旋转陀螺”科技活动方案

活动主题：旋转陀螺

活动目标：

1. 通过制作活动感受陀螺旋转的乐趣。

2. 观察陀螺色彩的变化和力度的作用。

活动准备：

收集纸杯、方便面盒、丝带、塑料盖、毛线、纸杯、包装盒、纸板等多种材料。

环境创设：

1. 利用纸杯、方便面盒、丝带、塑料盖、毛线、纸杯、包装盒、纸板等材料制作多种大小不一的陀螺，在进门处垂挂。

2. 利用纸盘制作花环，纸芯儿和彩色卡纸制作花束，进行有规律排序垂挂。

3. 收集成品陀螺悬挂在卧室和活动

室中间。

活动内容：

1．小班：纸板陀螺

制作材料：纸板若干、各种印章若干、各种颜料、棉签、贴纸等。

制作方法：家长给孩子剪一个圆形纸板，孩子在上面用手印手指印儿、棉签画、印章印、贴纸粘等方式装饰陀螺表面，然后用牙签穿过纸板陀螺的中心，完成制作。

2．中班：果冻盒陀螺

制作材料：各种贴纸、果冻盒、即时贴、皱纹纸、彩色卡纸、胶棒若干。

制作方法：自选果冻盒（大小不限），利用以上材料裁剪成不同图案进行装饰粘贴。

3．大班：立体陀螺

制作材料：纸杯、方便面盒、光盘等多种立体材料，皱纹纸，彩色卡纸，胶棒，亮光纸，毛笔，水粉，水彩笔等。

制作方法：选择自己喜欢的材料进行剪纸造型，利用各种材料通过剪、画、涂等方法进行创作装饰。

多彩磁力棒 拼出我梦想

张娜 梁娜

为了让幼儿喜欢科学、亲近科学、走进科学，为了把科学精神植入到幼儿的心中，引领他们探寻生活中无处不在的科学知识、科学现象，为了使幼儿感受科技给人们的生活带来的便捷，我们在科技节活动中创设了“百变磁力屋”主题环境，进行了有关磁力棒的探索活动，开展了小、中、大班三个年龄段幼儿的磁力棒和磁力球的创意拼摆。

一、磁力棒游戏环境创设

为了创设直观的主题环境，我们利用废旧报纸卷成纸棒，涂上颜料，截成一根根小短棒，看上去颜色鲜艳、漂亮，很像磁力棒。然后用胶枪把它们连成一个个立体的造型，比如飞机、汽车、轮船、楼房等。再将这些立体的造型悬吊在活动室屋顶，或摆放在橱柜上，同时在教室四周摆放彩色喷绘的磁力棒造型彩图，并根据幼儿的年龄层次投放不同难度的磁力棒造型提示卡和流程图，整个环境看上去很有氛围。

二、磁力棒真好玩

科技节当天，有许多幼儿跑进了“百变磁力屋”，家长们帮助他们找到自己那个年龄段的活动区域，然后，一起开始对照提示卡进行拼摆。因为在每个区域都放了适合幼儿年龄的磁力棒造型成品，所以也有很多幼儿和家长一起学做相同的造型。

案例一：在操作中发现和探索问题

活动时，大班的朵朵小朋友边玩边对妈妈说：“妈妈，这个小棍儿为什么一下就粘住，不掉下来呢？”妈妈耐心地解释说：“因为这个小棍儿有磁性呀。瞧，两根小棍棍儿这样一靠近，一下就定住了，神奇吧！”朵朵点点头，自言自语道：“噢，我终于知道它为什么叫磁力棒了。”朵朵继续玩儿，细心的她发现并不是每根小棍儿一靠近都能吸住，她发现有相斥的现象，又开始向妈妈发问：“妈妈，为什么这两根磁力棒怎么都吸不上呢？”妈妈告诉她：“这是磁铁同极相斥、异极相吸的道理。”朵朵似乎还有些疑问，妈妈赶紧对朵朵说：“一会儿活动结束了，妈妈带你去买两块大磁铁，回家仔细地研究一下，好不好？”朵朵一听，就开心地继续拼磁力棒了。看来朵朵的妈妈回家要费一番心思给孩子解释了。

案例二：我自己来

磁力棒游戏，因色彩鲜艳、容易造型，深受孩子们的喜爱。有一个小班幼儿的爸爸看儿子玩得兴致浓厚，也玩心大起，想参与儿子的创作，谁知儿子却不买账，不高兴地对爸爸说：“我自己能拼，你也自己玩吧。”爸爸很诧异：“爸爸是想帮你一起拼个小房子呀，你看你拼的房子屋顶都歪了，应该在这里再放一根磁力棒就对称了。”爸爸边说边对着儿子的作品比划着，说得头头是道。可儿子很自信地说：“我的房子就是这样的，我还要摆一座圆房顶的房子呢！”这位爸爸听了孩子的话，马上意识到了自己的错误，瞬

间改变了自己的想法，反应很快地说："那咱俩比一比吧，看看谁摆的房子最有创意。"儿子听了之后，兴致更高了，又投入地拼摆了起来。看来幼儿的想象力无处不在，做家长的一定要尊重他们的想法，充分发挥他们的想象力，不要随意地指责和限制。这让我也想到，我们做老师的也是如此，一定要给幼儿足够的空间让他们将想象力和创造力发挥到极致，就像《孩子是脚，教育是鞋》一书中说的一样："不是所有的脚都能适合穿同一双鞋，教师要做的就是为每个孩子造一双适合他们自己的鞋。"

三、让环境与幼儿互动

"百变磁力屋"是科技节活动的一个缩影，它以鲜亮的色彩、直观的造型、无穷的变化，深深地吸引着参与活动的幼儿和家长们，让他们在拼拼、连连、接接中感受因磁性相吸而带来的创作体验，收获着成功与快乐。科技节活动不仅仅体现了家长和幼儿的互动，它还融入了老师的智慧，在创设主题环境的过程中，每位教师都在精心揣摩、创想实践中有所启发和收获，并且得到了锻炼。

科学无处不在、科学无时不在，就让我们一起玩转科学、探索科学吧！

"百变磁力屋"科技活动方案

活动主题：百变磁力屋

活动目标：

1. 培养幼儿的空间创意思维能力及注意力。

2. 锻炼幼儿的动手操作能力。

活动准备：

1. 磁力棒、磁力球、提示卡。

2. 科技口号：科学，让梦想飞翔！

环境创设：

1. 悬挂磁力棒和磁力球的样式卡大图，并做边框。

2. 摆放磁力棒和磁力球组合的成品。

3. 用彩色纸卷成短纸棒模拟磁力棒，然后用短纸棒一节连一节地粘成各种造型，悬挂在班级。

活动过程：

1. 准备若干份磁力棒和磁力球，每份配合不同的样式卡。

2. 小班组幼儿做入门级的平面造型。

3. 中班幼儿做立体的入门级作品。

4. 大班幼儿做中级的立体造型。

魔法玉米大变身

白丽艳 杨岚

“科学和艺术是一枚硬币的两面”。在科技节亲子游园活动中，我们班创设了“魔法玉米屋”主题环境，将用泡沫做成的膨化玉米粒，沾上水进行连接、造型和创作，通过提示卡和流程图引领幼儿制作出平面或立体的人物、动物、植物、生活用品等模型。在本次活动中，家长和孩子们不仅了解了“魔法玉米粒”的科学特性，也培养了孩子的动手操作能力、艺术创作力和想象力，同时在亲子活动的过程中增进了感情。

一、营造浓厚的活动氛围，激发幼儿积极参与的兴趣

首先我们将班级主题的牌子悬挂在门口，考虑到每个孩子都曾想象自己会魔法，所以我们取了个神秘感极强的名字“魔法玉米屋”，又设计了“体验科学，放飞梦想”的口号贴在班级门口的墙上。同时制作一些魔法玉米粒作品，摆放在教具柜、钢琴、窗台等地方；将平面的魔法玉米粒作品附上背景，悬挂起来。提供彩印的魔法玉米粒步骤图以及复杂的模型图，让班级充满主题气息。在创设好环境后，孩子们每天都在好奇：“这是什么？”“老师什么时候过科技节呀？”“老师过节的时候能去别的班玩吗？”看着他们迫不及待的样子，我也积极地回应道：“快了，快了，我也盼着和你们一起玩呢。”

二、合理安排区域，根据年龄提供多种多样的提示卡和丰富的材料

我们将班级划分为五大区域，图片及视频演示区、实验区、平面制作区、立体制作区、作品展示区，分别针对小中大不同年龄阶段幼儿投放不同难易程度的材料及提示卡，孩子们可以根据自己的兴趣和能力选择

相应的区域。

在活动中孩子们好奇地流连在各个区域中。他们对立体制作区特别感兴趣，在做作品时不满足于只完成一个，于是出现了轮廓图数量不够的情况，经常有孩子到我们这里询问："老师还有轮廓图吗？"我们三位老师根据这些情况及时地做了一些调整，鼓励幼儿发挥自己的想象力、创造力，做出许多富有个性的作品。

三、注重亲子参与、增进亲子关系、密切家园沟通与合作

本次活动是亲子活动，这也体现了我们一直强调的家园合作。在准备材料和提示卡时，我们增加了点难度，就是为了在孩子遇到困难时需要与家长互动。在活动中我们看到了家长和孩子在科学实验和手工创作时，亲子之间的沟通、合作、互助，也看到了家长脸上的幸福和孩子脸上的欣喜。很多家长都玩得很开心，还孩子气地和自家宝宝比较谁的作品更好，这不仅增进了他们的亲子关系，也通过参与活动了解了幼儿园的教育理念，从而更好地促进家园共育。

四、提高教师的各方面能力，关注教师的发展

科技节活动不仅是孩子和家长的节日，更是我们老师的节日，它给予我们更多的挑战，让我们在活动中有所收获，有所发展。我们在准备阶段要设计活动方案、准备活动材料、进行环境创设，在组织环节要热情接待家长、主动引导幼儿、积极应对各种意外状况，在活动结束后要总结、反思优点和不足，所有这些对于教师都是一次提升和锻炼。我们会继续跟随《幼儿园教育指导纲要》和《3~6岁幼儿学习与发展指南》的脚步，吸取经验，弥补不足，一切为了孩子的发展，付出更多的心血。

科学在我们身边，科学在我们生活中，

3. 将彩印的操作流程图以及复杂的模型图悬挂起来。

活动内容：

1. 向参加活动的幼儿和家长介绍今天的活动名称和区域分布。

2. 班级分为五大区域：图片及视频演示区、实验区、平面制作区、立体制作区、作品展示区。

3. 图片及视频演示区：将图片粘在班级的一角，在电视上循环播放玉米粒模型图片和视频。

4. 实验区：在实验杯里倒入一定量的水，将玉米粒放入水中，观察玉米粒遇到水会越来越小，慢慢溶化。

5. 平面制作区：让孩子和家长们共同在印有轮廓图的纸张上用玉米粒进行装饰。方法：在玉米粒上涂上乳白胶，然后粘在轮廓图上。

6. 立体制作区：孩子和家长们根据流程图制作出立体的人物、动物、植物、生活用品等的模型。方法：将两粒玉米粒沾少量的水，粘合在一起，根据提示卡粘合相对应的模型，孩子和家长们也可自行创作。

7. 作品展示区：将制作好的作品写上自己的名字，摆放在作品展示区。

让我们和孩子共同去发现、去探究身边的科学。

“魔法玉米屋”科技活动方案

活动主题：魔法玉米屋

活动目标：

1. 能够利用魔法玉米粒制作出平面和立体的人物、动物、植物、生活用品等模型，培养幼儿的动手操作能力。

2. 通过实验和动手操作发现魔法玉米粒遇到水会融化的现象。

活动准备：

魔法玉米粒、水、印有轮廓图的纸张、提示卡（图片）、实验杯、毛巾、盘子。

环境创设：

1. 制作一些魔法玉米粒作品，摆放在蒙氏柜、钢琴、窗台等地方。

2. 将平面的魔法玉米粒作品附上背景，悬挂起来。

神奇袋子屋

任玉娟　张静

幼儿科学教育的核心是激发探究兴趣、体验探究过程、发展初步的探究能力。在实际工作当中，我们要为幼儿创设适宜的、科学氛围浓厚的环境，带领幼儿去探索发现；同时为幼儿选择一些能操作、多变化、多功能的玩具材料或废旧材料，在保证安全的前提下，鼓励幼儿动手自己制作。在幼儿园的科技节活动期间，我们班开展了主题为“神奇袋子屋”亲子科技制作活动。主要是利用免织布袋、塑料袋、纸质购物袋、麻袋等多种材料，尝试进行创意制作。

为了烘托“神奇袋子屋”的氛围，我们利用收集的材料，进行小比例的服装制作，悬挂在窗前的横梁上；制作的衣裤、裙子、手包等摆放在玩具柜上，并准备了符合幼儿年龄特点的材料和多种装饰品。又为幼儿提供了制作流程图、不同难度的装饰示例图片等，并制作了幻灯片在电视上进行循环播放。

我们创设的环境色彩艳丽，幼儿容易产生共鸣，易于幼儿欣赏、理解和借鉴，并且活动内容也是幼儿所熟悉的，很容易将生活经验迁移至活动中。

活动刚开始，就迎来了第一批参与者，在了解了活动方法后，大家开始认真地工作。家长和孩子各自分工共同完成袋子变身的活动。这时候，一个小女孩儿拉着奶奶的手蹦蹦跳跳地跑进来，小女孩儿来到我面前说：“老师，我也想要一件这样的衣服，可以吗？”

“可以啊，欢迎你来到‘神奇袋子屋’。”我高兴地说。

“可是，我奶奶眼睛不好了，不能帮我缝衣服，那样我就做不了了。”小女孩儿着急地说道。

“哦，你别着急，老师有一个好办法。你来看，这是制作衣服的流程图，用这个办法做出来的服装是不需要缝合

的，你自己就可以完成了。”我指着墙上的流程图安慰她说。

“真的吗？那太好了！我也可以自己做衣服了。”她高兴地说道。

“快去选择需要的材料吧，然后就可以开始了。”我说。

“嗯！好的，谢谢老师。”女孩儿有礼貌地回答。

过了一会儿，女孩儿拿着做完的衣服来到我们面前，“老师，你看，我自己做的衣服，漂亮吗？”女孩儿自信地问道。

“很漂亮，看你的小手多能干。穿上这件漂亮的衣服，老师给你照张相好不好？”我说。

“好的，我要把相片给爸爸妈妈看。”女孩儿回答。

“爸爸妈妈一定会为你骄傲的。”我回应道。

“老师，谢谢你们的精心准备，满足了我孙女的愿望。让她做了她喜欢的衣服。”女孩儿的奶奶满意地说。

“您太客气了，这是我们应该做的。”我回答道。

就这样，小女孩儿高高兴兴地离开了“神奇袋子屋”。孩子和家长们都乐在其中，有的宝贝和妈妈正在讨论用什么装饰更漂亮；有的宝贝正在试图穿美丽的衣服；有的宝贝正在制作各种玩偶；更有爸爸为宝贝飞针走线，制作着自己喜欢的衣物。看着孩子们开心，我们打心底里高兴。

通过此次活动，培养了幼儿的实践能力，帮助他们树立了环保节约意识，普及了科学知识，提高了幼儿的科学素养，营造了温馨、和谐的家园互动氛围。

“神奇袋子屋”科技活动方案

活动主题： 神奇袋子屋

活动目标：

1. 幼儿通过亲子活动的形式制做自己喜欢的衣服以及包包等小配件。

2. 培养幼儿的动手操作能力和亲子协作能力。

活动准备：

剪刀、针、线、颜料、免织布袋子、设计

图、成品衣服、水彩笔、亮片(装饰物)、制作流程图。

环境创设：

1. 在班级门口悬挂衣服样式的主题牌以及宣传口号。

2. 在班级内部悬挂做好的各种服饰。

3. 张贴制作流程图，按照大班、中班、小班分别设置活动区域。

活动内容：

1. 小班：为幼儿提供半成品的衣服(如半袖、马甲等等)、颜料、画笔、装饰物等，让幼儿装饰自己喜欢的衣服及物品。

2. 中班：为幼儿提供半成品的衣物，让幼儿进行组合缝制并装饰。

3. 大班：为幼儿提供设计图，让其根据设计图来完成自己喜欢的衣服及物品，并进行装饰。幼儿可以自己画设计图，并根据设计图来完成服装的制作。

4. 整个活动过程需要家长的协作，需要缝合的地方由家长完成。

多彩的泡泡

车玲玉　郭力宏

吹泡泡是孩子们非常喜欢的活动，尤其是小班的孩子，看到五颜六色的泡泡从各种形状的吹泡工具里飞出来时特别兴奋。为了契合幼儿的兴趣点，在科技节的活动中，组织了“吹泡泡”游戏活动。

配合活动，进行了室内的环境创设。我们在教室的墙上贴满了大大小小的“泡泡”；在透明帘子的不同位置也悬挂了彩色“泡泡”。这些“泡泡”是用彩色海绵纸剪成空心圆形做成的。本班教室主要以黄绿色调为主，所以“泡泡”的颜色也选择黄和绿两种颜色。这样既彰显了班级的个性，也使整个教室变得格外透明、清爽。走进活动室，满满的都是大大小小的“泡泡”，让幼儿一下子就有了身临其境的感觉。

案例一：验证

在游戏过程中，我提出了一个问题：“老师发现有很多不同形状的吹泡泡工具，那你们说说正方形的工具吹出来的是什么形状的泡泡呢？”滕缘赫想都没想就说：“是正方形的泡泡！”我没有说话，但是看到有些孩子的眼神“迷茫”了，还有的孩子不自信地嘀咕着：“应该是圆形的吧？”我说：“那我们来试一试，验证一下吧。”于是我拿起正方形的工具，到泡泡水盆里轻轻蘸了两下，拿出来轻轻一吹，飞出来一个圆圆的、大大的泡泡，孩子们大声地喊着：“是圆形的，是圆形的！”接下来，我们又试了三角形、长方形、菱形等不同

形状的工具。

实验结果是：任何形状的工具吹出的都是圆形的泡泡。

案例二：为什么会吹不出泡泡呢

活动过程中，我用最大的工具拉出了一个很大、很长的泡泡，当泡泡飞起来时，孩子兴奋得拍着小手叫起来："车老师，太棒了！"这时，蒋碧瑶跑过来，很费劲地拿起最大的圆形拉泡工具，到泡泡水中来回晃动，然后向上一拉，大大的泡泡就"变"出来了，孩子们玩得不亦乐乎……突然，泰格跑到我跟前问道："老师，为什么盆里的水能拉出泡泡呢？"听了他的话，我拿来一瓶纯净的自来水和一瓶配置好的泡泡水，让孩子们自己来试一试，看看哪个瓶子里的水能吹出泡泡。当发现一个瓶子里的水能吹出泡泡，而另一个却不能的时候，孩子们着急地问："为什么这瓶水吹不出泡泡呀？"他们你看看我，我看看你，谁也说不出原因。

于是，我告诉了孩子们其中的奥秘：原来是老师在其中一个瓶子的水中加了洗手液、洗洁精和白糖，所以这个瓶子里的水就能吹出泡泡。

此次活动，幼儿的积极性和主动性都非常高，他们在丰富相关的知识和经验的同时，也体验到了集体游戏的乐趣，这对于小班幼儿来说，是最大的收获。只要选取幼儿感兴趣的内容，遵循他们探究事物的规律，在小班同样能很好地开展科学探究活动，并在他们幼小的心灵中埋下科学的种子。

"多彩的泡泡"科技活动方案

活动主题：多彩的泡泡

活动目标：

1. 喜欢吹泡泡，乐于观察泡泡形状、色彩的变化等。

2. 乐于参与集体活动，感受亲子活动的乐趣。

活动准备：

泡泡水若干，各种容器，不同形状的吹泡泡工具（用中号铁丝制作、大小不同、形状不同），音乐《泡泡不见了》。

环境创设：

窗帘上悬挂空心泡泡，悬挂用矿泉水瓶制作的泡泡瓶与螺旋彩条吊饰，显得班级清新透亮，用氢气球装饰屋顶，电视大屏上播放动态的泡泡视频，同时播放《泡泡不见了》的歌曲。

活动内容：

电视大屏幕上播放泡泡漫天飞舞的视频，激发幼儿的活动兴趣。

介绍吹泡泡的工具，并示范玩法。

“小朋友们喜欢吹泡泡吗?今天老师为你们准备了很多吹泡泡的工具，先来看看有哪些？”（圆形、三角形、长方形、正方形）老师示范用各种工具吹泡泡。

1. 幼儿吹泡泡，发现泡泡是彩色的、圆形的。

“你们来吹泡泡，等一下要告诉我们你用的是什么形状的工具?吹出的泡泡是什么形状的? 是什么颜色的？”幼儿自由吹泡泡并相互讲述和交流。

2. 述说自己的发现，泡泡的形状与颜色。

“用三角形工具吹出来的泡泡是什么形状的?（圆形）用长方形工具吹出来的泡泡是什么形状的?（圆形）用正方形工具吹出来的泡泡是什么形状的?（圆形）用圆形工具吹出来的泡泡是什么形状的?（圆形）太阳光线下，泡泡是什么颜色的?”

3. 教师与幼儿一同验证。

“真的是这样的吗?每个人都用不同形状的工具试一试。”幼儿尝试。

4.总结：不同形状工具吹出来的泡泡的形状是一样的，都是圆形的。在太阳光的照射下五颜六色，非常漂亮。

5. 幼儿伴随着《泡泡不见了》的音乐，在装饰满泡泡的教室里，与爸爸妈妈一起吹泡泡。

尹倩 尤昕瞳

风车是每个孩子都喜欢的玩具，无论是奢华的组合式风车，还是一张废纸、一根小棍儿制作的简易风车，都能让孩子在迎风奔跑中忘却烦恼、留下欢笑。为了进一步培养幼儿乐于操作、大胆尝试、发现探究的科学素养，结合科技节，我们开展了“风车转转转”主题活动，旨在通过幼儿动手制作风车，体验操作的乐趣和成功的喜悦，发现风车旋转的秘密，探究风速大小与风车转速的关系，在做风车、玩风车的过程中享受游戏的快乐。

为了让幼儿玩得开心、玩得快乐，我们在活动的选材、设计等方面做了认真的准备，并用五颜六色的风车装饰教室，让幼儿身临其境，感受到风车的魅力。

活动中，根据幼儿发展水平的不同，我们投放了难易程度不同的操作材料，并以立体的展板形式展示了风车的制作方法，幼儿可以直观地了解风车的制作程序。在这样的环境中，幼儿可以根据自己的能力与爱好用自己的方式来制作风车，教师则适当引导幼儿在原有水平上进行大胆改进、装饰、创新。

游戏时间到了，张千玉拉着妈妈的手走进教室说：“尹老师，这个风车可真好看，可是我不会做！”“没关系，你可以看着流程图来制作的，老师相信你可以制作出能够转动的风车。”“好的。”张千玉和妈妈安静地坐下来开始制作了。紧接着孩子们陆陆续续地参与进来。任有泽一坐下来就说：“做风车，太简单了吧！”我说：“对你来说是有些简单，你能做一个组合式的吗？”“什么叫组合式？”“就是将几个风车组合在一起，这样风一吹，几个风车同时转，多壮观！”“好，我试试！”说着，也坐下来开始制作……

“老师，你看我做的风车漂亮吗？”有的小朋友做好了，拿给我看。“非常漂亮，你

还可以再装饰一下，比如拿小贴纸粘它的风翼，那就更漂亮了。”“我也觉得那样更漂亮。”

“还有谁做好了可以到外面去玩一玩，比较一下风车是走的时候转得快，还是跑的时候转得快，想一想为什么会这样？”

“好，出去玩喽！”几个孩子一窝蜂似地跑出去了……

动手操作是幼儿主动学习的重要途径，他们主动与环境、材料发生交互作用，在触摸、摆弄、玩耍过程中就会有所发现，并获得直接的感性经验。

大自然是一本神奇的教科书，孩子们在制作风车的过程中体验了成功的快乐，在与风车游戏的过程中感受着大自然的奇妙。

“风车转转转”科技活动方案

活动主题：风车转转转

活动目标：

1. 发现风的大小与风车转动之间的关系。

2. 感受亲子共同参与活动的快乐，培养幼儿的动手能力。

活动准备：

原料：较厚的彩色纸、卡纸、挂历纸、大头针、吸管或小木棍儿。工具：剪刀、胶水、彩笔。

环境创设：

1. 门厅上方悬挂风车，以呼啦圈缠绕。

2. 教室左侧穿插悬挂七彩风车。

3. 隔断处张贴风车图片。

4. 用玩具柜分割出三个区域，供小、中、大班进行制作；

5. 音乐：《大风车》主题曲。

活动步骤：

第一步：将正方形彩纸沿对角线对折，再对折，然后展开。

第二步：分别从纸的四个角沿折痕向中心剪至约四分之三处（不要全部剪开）。

第三步：将剪开的角分别折向纸的中心点，用胶水固定。

第四步：将粘好的纸用一个大头针固定在吸管或小木棍儿上。

这样，一个纸风车就做好了，将风车插在阳台或窗户边上，有风的时候，它就会不停地转啊转……

小班：以彩纸为主，制作简单的风车。（小巧精致）

中班：以卡纸为主，通过想象装饰风车，并完成制作。（独立精美）

大班：以挂历纸为主，通过卷纸棒、十字交叉法固定支架，安装制作组合风车。（创新有趣）

快乐多米诺

张晶晶 王琳琳

好奇是孩子的天性，每个孩子天生就是科学家。在日常活动中，我们发现孩子们对多米诺骨牌游戏特别感兴趣，喜欢摆摆、试试、推推，以科技节为契机，本班开展了“多米诺骨牌”主题活动。

本次活动中，我们首先进行了相关的多米诺骨牌游戏的环境创设，将各种造形的多米诺骨牌图片悬挂在班级比较醒目的地方，例如墙面和隔断帘。为了凸显以多米诺为主题的环境氛围，在班级门上也贴满了多米诺骨牌的海报，门口上方还设置了“快乐多米诺”的活动标志牌，以吸引更多的幼儿参加我们的活动。活动中，我们根据难易程度将幼儿分为小、中、大三组，并在地面贴上了大幅范例图片。

为了引导幼儿有目的地在玩中发现问题、获得发展，我们将活动的目标设定为以下三方面。

1.了解多米诺骨牌的基本玩法，发现骨牌的倾倒与骨牌之间的距离有关系，体验探究的乐趣。

2.能够通过观察、比较、合作，大胆地探索转角弧度的摆放规律。

3.能与同伴合作，参与解决问题，积极表达自己在探究中的发现。

由于部分幼儿对多米诺骨牌接触不多，我们首先介绍了多米诺骨牌的玩法，组织幼儿观看多米诺骨牌的录像，激发幼儿参与活动的兴趣和欲望。

在活动过程中，我们发现让幼儿掌握游戏的方法很重要，同时玩多米诺骨牌还能强化幼儿的任务意识和合作意识。

案例一：

在小班组活动场地里，甜甜和妈妈在指定的桌子上进行多米诺游戏。甜甜很快就将桌上的提示点摆满，在妈妈的引导下推倒了第一块骨牌，可是并没有像预想的那样骨牌依次倒下，而是倒了几块就停止了。看着一脸迷惑的甜甜，妈妈耐心地帮助甜甜分析原因：

“你看，这两块骨牌摆的距离有点远，前面一块骨牌倒下的时候没有碰到下一块，所以游戏就失败了。”看着甜甜失望的表情我赶紧说：“没关系，你可以再试一次！”“老师，我来教她吧，我会！”正在旁边拼摆的李子涵毛遂自荐。“你看，像这样，第一块儿和第二块儿不能离得太远……”李子涵像模像样地给甜甜介绍着，接着两个小人儿一起摆了起来。很快，骨牌摆好了，李子涵绅士气十足地说：“你来推推看。”甜甜小心翼翼地推倒了第一块骨牌，“啪、啪、啪、啪 ……”骨牌一块接一块地倒了下去，像一条长龙，甜甜和李子涵开心地边笑边拍起手来。

案例二：

大班组的多米诺骨牌提示点比小班组和中班组复杂得多，幼儿一个人完成很困难，需要合作完成。我观察到有三个孩子一起完成一组心形的骨牌图形。“心形”很大，三个孩子从一个起点开始向两边摆着骨牌，可是骨牌摆到一半就全部倒下了。三个孩子又重新开始，就这样一遍又一遍。后来我加入他们的行列，让他们三个人分开来摆，三个孩子从不同的起点开始摆，即使有人不小心碰倒骨牌，其他两个人的也不会受到影响。就这样，三个孩子齐心协力，成功地将“心形”摆满，他们特别开心。

“多米诺”是一个需要时间、技巧和耐心的游戏，同时又是一种集动脑动手于一体的益智活动。骨牌需要一张张摆下去，它不仅考验着小朋友们的体力、耐力和意志力，而且还使他们的注意力、想象力和创造力得到发展。

通过活动，孩子们或许体味不到多米诺骨牌的原理所在，但终究有一天他们会认识到这个游戏所蕴含的意义：一个很小的力量能够引起的或许只是察觉不到的变化，但它所引发的可能是翻天覆地的大变化。

“快乐多米诺”科技活动方案

活动主题：快乐多米诺

活动目标：

1. 初步了解推力的作用，知道在同等数量的条件下骨牌的倾倒与路线、排列、间隔有关。

2. 了解多米诺骨牌的起源及玩法。

3. 能够通过观察、合作、比较，大胆地进行有目的、有规律的探索。

4. 培养幼儿主动积极的学习态度，体验游戏的乐趣。

活动准备：

在地面贴提示点、多米诺骨牌若干。

环境创设：

班级门口设置班级标志牌，说明班级科技活动内容，以及多米诺骨牌玩法的流程图。

活动过程：

1. 班级蒙氏活动室为小班多米诺活动区，地上设置四组简单的提示点，幼儿和家长按提示点摆放多米诺骨牌。

2. 另外一个活动室为中班多米诺活动区，地上设置四组较有难度的提示点，家长和幼儿可根据提示点进行多米诺拼摆。

3. 三楼体育教室设置为大班多米诺活动区，分四组进行。用黑板张贴多幅多米诺牌的摆放图片，家长和幼儿可根据图片进行拼摆或进行创意拼摆。

墨趣

张海艳

墨汁（彩墨）是幼儿喜欢的活动材料，用墨作为材料，让幼儿和墨汁一起做游戏，可以调动幼儿的想想力，大胆尝试创新。因为溶解是幼儿生活中常见的并且是幼儿感兴趣的物理现象，而油墨却是难溶与水，通过操作，幼儿知道油在水中是不溶解的。墨在水中的变化神奇有趣，孩子非常喜欢。在我园的科技节活动中，我们班通过创设“墨趣”的游戏情境，引导幼儿通过看看、猜猜、试试、做做等多种方式，在体验中发现墨汁、油墨、水粉和水之间的神奇变化，激发幼儿的好奇心，感受它们在水中的变化所带来的惊喜。

墨趣——墨在水中舞

当我在盛有清水的绿色托盘里滴一滴墨汁时，墨迅速扩散并形成一个圆形，孩子们看到这一现象竟然欢呼起来。紧接着我又在空白处分别滴了两滴，分别形成了两个大小不同的圆形，而且慢慢地圆形开始变小、回缩似的。我说：“又有惊奇的现象发生了，大家注意看。”孩子们一片安静，当我把沾有少许油的棉签，向圆中快速点下时，墨圈却又迅速扩大，并且墨圈中又出现了新的圆时，孩子们惊讶地喊出来：“哇！”有的孩子忍不住把圆

圈划开，墨开始变幻出意想不到的图案，孩子们拍手跳起来。在孩子们最高兴的时候，我拿来了宣纸平铺在水中的图案上，图案迅速吸附在宣纸上，孩子们更加感到神奇，看着漂亮的作品，迫不及待地说："我也想试一试。"于是，孩子们开始兴趣十足地尝试探索着。

我能理解孩子们面对这一神奇现象而发出的惊呼声，因为我在开始做这个试验时也有相同的感觉。

渐渐地家长们也参与进来，比孩子们玩得还开心。看到这一切，我在想，有兴趣的活动就是最好的学习过程和最好的老师。在这个过程中，不需要提过多的要求，不用过多地组织，孩子及成人都在认真地操作着，体验着操作的快乐，感受着墨的神奇，达到了预期的目的。

墨趣——有个性的彩墨

在活动中，我还为孩子们设计了彩墨环境，孩子们在与彩墨的互动中体验着色彩的美。在与蜡笔画的混合操作中，孩子们发现颜色竟然盖不上蜡笔画，于是有的孩子涂了一层又一层，还是盖不上，涂来涂去竟然变成了美丽的星空、宽阔的大海、色彩斑斓的毛巾……对于孩子们来说，在宽松自由的环境和氛围中涂玩颜色，使其发现了色彩的神秘，体验着玩中获得的成就——一幅幅美丽的画，在尽享着快乐的同时，也在体验着彩墨的绚丽。

墨文化是我国传统文化的精粹，除了和水做游戏材料外，肯定还会有更有趣的活动形式，我们应该深挖其中的奥秘，把传统文化渗透到教育当中去，让孩子们在游戏中感受墨文化的精髓与奥妙。

"墨趣"科技活动方案

活动主题：墨趣

活动目标：

1. 通过活动发现墨水溶进水中的变化。

2. 在复制墨韵的变化中体会我国文化的内涵，发现水墨、油墨，与水粉之间的神

奇变化。

活动准备：

1．咸味墨画材料：保鲜膜1卷、彩墨（红、橙、黄、蓝）熟宣纸50张、粗盐1袋、画笔、报纸、装水容器5个、放画的报纸、熨斗1个。

2．蜡笔彩墨画材料：绿色、蓝色、橙色、黄色、粉色彩墨。墨图案复制材料（黑墨、6个盆、报纸、生宣纸100张、放作品报纸）

环境创设：

1．制作主题班牌悬吊在班级门外。

2．室内粘贴悬挂各种水墨、油墨和水粉画。

活动内容：

1．小班以油画棒和彩墨为主要材料配置操作流程图如下：

2．中班体验墨的水溶变化，并加以复制变化的图案流程图如下：

3．大班以油墨为主，通过操作感知油墨的不溶性并能够复制油墨呈现出的变化图案，活动流程图如下：

第七章 因地制宜 合理利用户外活动环境

幼儿阶段是儿童身体发育和技能发展极为迅速的时期，也是形成安全感和乐观态度的重要时期。发育良好的身体、愉快的情绪、强健的体质、协调的动作、良好的生活习惯和基本生活能力是幼儿身心健康的重要标志。

对于幼儿来说，真正有意义的活动是发生在与环境的互动中，是通过与环境对话实现的。而户外环境是幼儿获取经验，获得发展的重要场所，因而,我园倾力打造了朴素自然、丰富生动的庭院环境。

一、富有生态性、挑战性和主体性的庭院环境发挥着潜移默化的教育价值。

“人与自然和谐统一”是我园庭院环境创设的原则。为此，我们在“野”和“趣”上下功夫。院内除必要的硬化外，还有大面积的土地和沙地，既有平坦之处，也有缓缓的小山坡。在这里，孩子们大胆地发挥着想象力，用木板和石块给小动物建新家，利用泥土和石子堆砌造型，在土地上挖沟、挖洞、玩泥更是他们百玩不厌的游戏，孩子们心中的长城和跨海大桥在精心策划、不断实践和创作体验中诞生。在不断地探索创新中孩子们收获的是自信心、成就感和满足感，每一次游戏都是童年梦想的延续……

为了让幼儿感受植物的四季生长变化，庭院内种植了大量的果树和观赏树，像樱桃树、苹果树、稠李树、桃树、白玉兰、新疆杨等二十余种树木，并在树上悬挂了树名标签，方便幼儿的认读。同时，每个班级有一块种植园地，这样幼儿就有机会接触和参与农事活动。看着葫芦慢慢爬满廊架，瞧着各种各样的蔬菜一天天长大，幼儿的喜悦也与日俱增。在种植、养护和观察植物的过程中，幼儿慢慢养成了观察的习惯，逐步掌握了观察的方法，同时，也感受到了大自然的多彩与神奇。

大型器械分类布置在场地四周，有大型组合滑梯、攀岩器械、攀爬的云梯、平衡的荡桥、汽车轮胎组成五颜六色弯曲的小路等。

通过与环境和材料的互动，幼儿的成长需求得到了满足，自主性、能动性和创造性得到了发展。

二、积极探索大胆尝试，改变传统的户外体育活动模式，努力打造户外环境，营造锻炼氛围。

经过尝试，我园在中大班开展户外大区域体育活动，改变传统的以班级为单位开展体育活动的模式，打破班级界限，幼儿自由选择户外锻炼活动。教师结合幼儿的特点，创设了发展幼儿不同运动技能的活动区：走跑区、钻爬区、投掷区、平衡区、综合区、球类区、跳绳区、民间游戏区等，每个大活动区内又分为小活动区，细化了锻炼项目，保证每个区拥有足够的空间。通过有机整合，区域之间既相对独立又有机联系，方便了幼儿活动。同时，结合教育目标和活动区主题，各活动区投放了大量的材料和器械，幼儿可以根据自己的兴趣选择活动区、锻炼器材和锻炼内容。

和谐的环境、丰富的运动器材、自主的选择，激发了幼儿的运动热情。幼儿每一天的活动都是在欢呼雀跃中展开，在满怀期待中结束，这充分凸显了我园混龄户外体育活动的特点和优势。

三、自然物和废旧材料的利用成为幼儿户外体育活动的亮点。

树墩、木桩、竹排、石头、竹竿、树杈等自然物成了幼儿锻炼的最佳伙伴。利用它们可以绕行、钻爬、跳跃、平衡走，尽情玩耍。活动中幼儿都能找到自己喜欢的游戏和材料：布口袋、小高跷、皮筋、报纸棒、塑料袋风筝等，幼儿用它们追逐、拼摆、钻爬、单双脚跳、跨。一根纸棒在幼儿手中一会儿是拐杖、一会儿是金箍棒、一会儿又是游戏中的障碍物，他们可以随意想象。这就是废旧材料的价值所在，充分满足了幼儿一物多玩的愿望，符合幼儿直觉行动性思维的特点。教师的肯定和鼓励，让胆小的幼儿跃跃欲试；同伴之间互助合作，展示不同的玩法，让幼儿在大胆创新中乐此不疲。

通过自然物和废旧材料的利用，幼儿学会了珍惜和利用资源，学会了节俭，学会了利用废旧材料进行再创造，使幼儿感受到创造的意义和价值，从而乐于创造、乐于探索。

四、户外活动的音乐环境让幼儿的体育活动更加轻松、自然、愉悦。

户外体育活动在幼儿心中是游戏、是玩耍，但对于教育者而言，它是一次精心安排的教育活动。活动开始，我们安排了幼儿听音乐做广播体操、韵律操和功夫操，目的在于调动幼儿积极性，集中幼儿的注意力，达到运动前活动准备的目的，让幼儿的身体得到放松，避免拉伤。结束时的音乐，一是提示幼儿收拾、清理场地，收放玩具、器材；二是拿好自己的物品，向陪伴游戏的老师道谢、再见；三是回到自己班级做身体放松运动。音乐组成了户外环境的又一重要部分。

用音乐作为户外环境创设的一部分，既是指令又是欣赏感受。让幼儿学会物放有序，学会尊重老师，礼貌待人，养成做事有始有终的好习惯。让幼儿在和谐的音乐氛围中收获快乐心情，把积极的情感注入幼儿心灵中，给他们上好人生启蒙的每一堂课。

我园在庭院环境创设中，通过绿化和美化，引领幼儿亲近大自然、走进大自然并探索大自然。通过投放功能各异的活动材料和器械，使幼儿学会交往，引发幼儿的运动兴趣和热情，提高幼儿的运动技能。这些促进了幼儿身心健康、和谐地发展，充分体现了我园的办园理念，因为幼儿的健康和快乐是我们幼教工作者追求的目标。

坚持就是胜利

张静

滚铁环是中国民间传统游戏的一种，其玩法是游戏者手握顶头是“V”字形的铁丝或扶杆，去推动一个铁环向前滚动。有时还会在大铁环上套两到三个小的铁环，这样在铁环滚动时就会发出“叮当、叮当”的声响，它不仅自娱性强还可以增强幼儿的身体灵活性、协调性和平衡能力，促进幼儿的生长发育。自从民间游戏区开展了滚铁环游戏以来，此项活动深受幼儿的喜爱。

幼儿在知道滚铁环方法的基础上需要多加练习，方可完成游戏。由于幼儿人数多，铁环数量有限，幼儿需要轮流来练习。当

我按排队的顺序叫出10名幼儿先来练习的时候，突然从队伍的后面传出了哭泣声，我扭头看过去，发现李天佑小朋友边哭边说：“老师，我都没玩过滚铁环，我是那么的喜欢它，你为什么不让我玩？”我走过去，安慰他说：“不是不让你玩，而是你需要等待。”

“我需要等多久？”他擦了擦眼泪问我。

“如果你能耐心等待的话，下一轮就到你玩了。”

李天佑小朋友是个生性好动的小男孩儿，我想正好可以借着这个理由让他安静等待。在第一轮小朋友练习的时候，李天佑小朋友异常地安静，他认真观察着小朋友们的动作，有时小手还情不自禁地跟着向前用力，当看到同伴的铁环落地时，他还失落地叹气。看他一副认真的模样，我决定第二轮让李天佑来试试。他满怀欣喜地接过铁环，迫不及待地试了起来。可是却事与愿违，他的笑容也伴随着铁环的一次次落地而减少，随之而来的是他的烦躁和焦急。我在一边观察着他的变化，在屡战屡败后，他拿着铁环走到我跟前说：“张老师，我选择错了，这个游戏一点都不好玩，我不玩了。”看到他要放弃，我尝试着劝说他再试试，可是他摇着头坚决不再试了。于是，我问他滚铁环的方法学会了吗？他回

答得很肯定。接着，我叫来了旁边练习的陈陆说："天佑，我看陈陆的方法还不太对，你可以给他示范一下吗？"听我这么一说，天佑拿起了铁环开始示范。在他示范的过程中，我发现他的准备动作不是很准确，再就是由于急于求成，开始时推动铁环的力气过猛，奔跑的速度过快，往往是人跑出去了，铁环还留在原地，这是致使他失败的原因。我对他说："天佑，我有个成功的秘诀，你要不要试试？"

"张老师，秘诀是什么？"

"只要你愿意克服困难，重新玩滚铁环，我就告诉你。"听我这么一说，他考虑了一下，答应了我。

"秘诀就是准备动作要正确，不要着急，慢慢推。"他将信将疑地说："就这么简单吗？"

"当然，但是条件是你要坚持，不能放弃，这样才能练好。做事要持之以恒，才是小男子汉。"

"张老师，我要做男子汉，我要练习。"于是，他重新拿起了铁环开始练习。每次在铁圈落地的时候，我都会对他伸出大拇指，用"男子汉，加油！"来鼓励他。每次看到我的鼓励，他都会点一下头，再捡起铁环继续练习。终于，在几天以后，我听到了李天佑爽朗的笑声和喊叫声，他终于成功了！

滚铁环游戏具有一定的难度，需要一定的技巧，它是对人的耐心和平衡技巧的考验。幼儿在游戏中遇到困难，感受不到游戏带来的成功感时，他们通常的做法是选择放弃。这时，老师要做的工作就是对幼儿实施鼓励式教育，告诉他们坚持就是胜利。同时，对他们每一次微小的进步给予肯定，以此增加他们的自信心，维护他们的自尊心，让幼儿在努力中体验游戏和成功带来的快乐。

纸箱变变变

刘晓磊

为了提高幼儿对户外活动的参与兴趣，发展幼儿的基本动作和技能，增强幼儿的竞争意识和团队合作精神，我在户外投放了许多纸箱，在和孩子们一起游戏的过程当中，发生了许多有趣的事儿。

户外活动时间到了，我带孩子们来到堆得像小山一样的纸箱跟前，孩子们惊叹道："哇，这么多纸箱呀！干什么用呢？"我说："你们可以自己想办法和纸箱一起玩游戏呀！"于是孩子们开动脑筋，你一言我一语地出起了主意，最后大家一致同意用纸箱搭成山洞，玩起了钻山洞的游戏。

刚开始，孩子们还颇有兴趣地玩着，参加游戏的幼儿也比较多，后来，幼儿的人数逐渐减少，再后来只有几个幼儿没有离开，但是他们也不再游戏，全都躺在"山洞"里休息起来。我走过去，弯下腰说"呦，你们都累了！"续晋峰对我说："老师，没意思，我们不想钻了！"我说："你们可以重新组合纸箱，看看还有什么新玩法，一起来试试吧！"孩子们一下子又兴奋起来，互相商量着如何变换玩法，最后他们用纸箱搭成了一座桥，新的玩法，又吸引了许多幼儿。

在接下来的几天里，孩子们每次在做户外活动时总是兴致勃勃地玩纸箱游戏，但是慢慢地我发现孩子们对于这些新开发的玩法又没了新鲜感，有的小朋友在山洞里玩起了过家家，玩着玩着陆凌嫣说："我要出去买个桌子给宝宝用。"我听见了马上把新投放的地板条拿了出来，"你看这个做你的桌子怎么样？"她欣然接受了："来了，

来了，我们有新工具啦！”陆凌嫣就像发现了新大陆。她带回来的“好东西”也使伙伴们有了激情，小朋友们纷纷取来了木板，于是纸箱区域里马上又是一番新景象，孩子们用小地板条和纸箱结合，搭出了小桥，搭出了迷宫，甚至搭出了立交桥……玩得不亦乐乎。

当幼儿对游戏失去兴趣的时候，往往会选择放弃原来的游戏行为。作为活动的支持者的我们应细心观察，适时引导幼儿自己动手变换游戏方式，创新游戏的玩法，以一物多玩的方式增强游戏的趣味性和挑战性。在面对幼儿放弃游戏的行为时，教师的及时介入是很有必要的，教师的提示可以帮助幼儿提升游戏经验，通过调整游戏的材料结构重新唤起幼儿游戏兴趣，这对幼儿的发展是非常有意义的。同时，教师介入的方式也很重要，应以一种平等的身份参与到幼儿的游戏活动中，以巧妙的言语对幼儿进行游戏行为的启发，同时自然地把新材料引入到幼儿的游戏中来，让幼儿欣然接受新的事物，实现他们的游戏愿望。

快乐的轮胎游戏

李杰

根据《3~6岁儿童学习与发展指南》的精神，要在游戏活动中锻炼幼儿的走、跑、钻爬、跳跃及平衡能力，使幼儿在游戏中主动尝试，大胆想象。由于我们班是中班，根据幼儿的身心特点，选择幼儿熟悉的废旧轮胎作为活动器械。废旧轮胎在一般人眼里是废品，但把它们收集到幼儿园里来，并给轮胎涂上鲜艳色彩，就会成为孩子们喜爱的玩具，激发了幼儿对轮胎的好奇心和探索欲望。

爬大山

户外活动时，我先把轮胎排成一排，让幼儿练习跳跃能力，然后让他们把轮胎滚动起来，练习一下臂力。刚开始时，幼儿的兴趣非常高，每次都玩得热火朝天，可时间一长，有的孩子就厌倦了。今天又到了户外活动时间，我把幼儿分成了男女两组，让他们自己玩儿。我就在一旁观察，他们玩儿了一小会儿，就听一个男孩子说："我们用轮胎摆一座大山吧。"于是就看到有的孩子赶紧把自己正在玩儿的轮胎滚过来，有的两人抬一个轮胎来搭他们的大山，这样很快他们就把轮胎全部聚集了过来。但是由于不会找重心，堆了几个轮胎后小山就倒了，我赶忙过去与他们一起搭起来，一会儿一座大山搭成了。孩子们个个累得满头大汗，但却高兴地在山上爬上爬下，看他们玩儿得那么开心，我也非常高兴。

过障碍

玩儿累了，孩子们坐在轮胎上休息起来。这时，张一走过来说："李老师，我能在两个轮胎上走，你信吗？"我说："我相信,那我们来把轮胎变动一下，变成一条有障碍的小路，大家一起跟你走好吗？"张一高兴地点点头。于是，我就和孩子们一起把轮胎一个挨着一个摆成了长长的一列，间隔几个轮胎，就把两个摞在一起成为一个障碍。张一

率先走了起来。这时，又有几个孩子也过来一起走。开始时，走过两个摞在一起的轮胎时，有的孩子不敢踩在上面直接迈过去，只见张一站在轮胎的边沿上，一点儿一点儿地挪过去，而有的孩子站不稳，掉进轮胎的圆洞中间，爬上来再走，反复走了几次，就能很熟练地走过去了。

开汽车

玩儿了一阵子之后，孩子们又开始玩儿起了滚轮胎。不长时间，孩子们滚动轮胎的技术就越来越高了，逐渐地他们也不仅仅局限于滚动轮胎，而是又发现了不同的玩儿法。如：周新洋在滚轮胎，玩儿了一会儿，就在轮胎上跳进跳出，他跳进轮胎中间，双手抓住轮胎的边缘想把轮胎抬起来，刚抬起来轮胎就掉了下去，他又使劲地抬了起来，没走几步，就又掉了下来。这时，他喊住张皓博，帮他抬着后边，学着开汽车的样子，其他几个孩子也学他俩的样子玩了起来。

通过玩儿轮胎游戏，不仅锻炼了孩子们的身体协调能力、平衡能力，还锻炼了孩子们的想象力、创造力和语言交往能力。玩儿轮胎让幼儿真正成为了活动的主人，在保证幼儿安全的基础上，让他们自由地想象，自由地探索，从中获得了游戏的乐趣。

打怪兽

张海艳

投掷对幼儿来说是一个比较难的动作，需要身体协调一致地运动。投掷训练能加强幼儿的上肢、腰部、腹部等肌肉力量，使上肢关节、韧带得到锻炼。幼儿多练习投掷，对身体的灵敏性、目测力和协调性等方面发展都有好处。所以我们本学期以各种活动方式帮助幼儿练习投掷动作，希望通过这系列投掷活动的练习，既增强幼儿的体质，又能体验运动的快乐。

为帮助中班的幼儿克服投掷时力量小，不会摆臂，易将投掷物往下扣等错误动作，我们在练习时着重指导幼儿逐渐学会肩上挥臂投掷，这样很多孩子的动作明显协调起来。为了增加活动的兴趣，我将枯燥的动作练习变为主动有趣的游戏——“打怪兽”。

首先我们收集了一些较大的硬纸板，在上面画出不同的“怪兽”形态，然后和孩子们一起涂上颜色，挂在了户外活动的投掷区里。孩子们很感兴趣，每天都会有很多孩子来到投掷区与怪兽作战。但慢慢地我发现孩子们对怪兽失去了兴趣，通过观察我找到了原因，原来孩子们不容易击中目标，从而影响了他们的积极性。中班的孩子在投掷沙包时容易打低，而大班的孩子对打怪兽的身体某一部位很感兴趣。于是我及时做出调整，把“怪兽”的尺寸加大，并且夸张地做了动物的耳朵、眼睛和嘴巴。中班的孩子只要掌握了动作要领就能很容易地打到怪兽，而大班的孩子们可以集中目标打怪兽的嘴巴、

鼻子、眼睛等等。

过了一段时间，我发现孩子们在投掷时离怪兽的距离越来越近，达不到投掷练习的目的，于是在一次中间休息时我找来了海绵垫子和伙伴们坐在上面聊起来："孩子们，为什么这么喜欢的游戏不愿意玩了呢？""累了！"孩子们齐声说。"我们休息一会。""谁告诉我这些怪兽都叫什么名字？谁最厉害？"我问道没想到孩子们的兴致又起来了，大家讨论得热火朝天，我紧接着问："你们说怪兽厉害吗？""厉害。""所以你们一会儿打怪兽时要离得远一些。"休息一会儿后，孩子们又开始打怪兽，刚才大家讨论的厉害怪兽前的孩子很多，看来他们是要齐心协力打倒怪兽。

作为教师，我们应该具备善于发现问题、解决问题的能力，只有这样孩子才会在感兴趣的活动中玩得快乐，才会真正意义上最终达到活动的目的。

勇敢的挑战者

杨岚

在户外混龄大区域活动中，我为幼儿提供了丰富多彩的户外材料：踩高跷、跳跳球、小推车、三轮小车、轮胎车等。利用这些材料，既可以让幼儿了解玩法、增强技能达到锻炼的目的，又培养了幼儿坚强、勇敢、不怕困难的意志和主动、乐观、合作的态度。每到户外活动时，孩子们都兴奋不已。可有些小年龄段的幼儿参加游戏时出现了胆怯、恐惧心理，想玩儿又不敢玩儿。针对这一现象，我在观察的基础上与孩子一起找出原因，想办法克服他们的胆怯心理，让每个孩子通过不断地挑战，变得敢于竞争、敢于尝试，从而达到锻炼身体、学习技能的目的。

案例一：跳跳球

户外活动时间到了，孩子们都积极参加游戏，这次游戏是跳跳球，锻炼幼儿的单脚跳跃的能力。快轮到中四班武关晴跳的时候,她竟悄悄跑到队尾躲起来。"晴晴你来试一试吧!"我拉着她来到了队伍前面,这时有个小朋友说:"老师,她不会跳,她害怕。"晴晴听了小朋友的话,用力挣开我的手又跑到了队尾,我再叫她时她就故意躲开我,装作没有听见。游戏结束后,我来到晴晴跟前说:"晴晴咱俩一起向它来挑战好不好?"晴晴听了我的话,没有做出反应。晴晴在这些孩子中年龄最小,性格也偏内向,玩游戏时总担心别的小朋友嘲笑她,所以不敢去玩。于是我就主动拉着晴晴的手跳了起来。虽然跳的动作不那么灵巧,但在我的帮助下,晴晴在努力练习,我就大声鼓励:"晴晴真棒,你跳得很好,挑战成功!"听了我的表扬晴晴有了勇气,连续练了好多次。看着她洋溢着自信的笑脸,我知道她终于过了自己这一关。

案例二:踩高跷

今天,和孩子们进行走高跷游戏。大三班的刘一帆不敢走,一个人在偷偷地流眼泪,为此我降低了难度,让其他小朋友扶着她的手走。这次,刘一帆不再往后躲,她高兴地和别人拉着手随着队伍向前走。不一会儿,轮到她走了,她犹豫了一下,见此,我便站到她的身边。刘一帆抓住我的手,稍微一用力就站到了高跷上。我心中一喜,觉得成功在望。但没想到拉她手的小朋友迈开大步就往前走,吓得刘一帆大叫起来:"啊!你慢点,我害怕!"我意识到这样不行,忙又抓住她的手说:"没事,别着急,你松开她的手拉着我的手走吧。老师和你一起向它挑战,别怕。"刘一帆赶紧抓住了我。"试着迈一步,你一定行。"在我的鼓励下,刘一帆终于鼓足勇气迈出了第一步。由于迈得步子很小差点儿摔倒,再也不肯迈第二步了,我只好让她下来。这时我发现,她不再像以前那样因害怕而拒绝,而是又排到了队伍里。当她自己再次走时,聪明地换了一种方式,即两只脚一点一点往前挪,虽然速度慢了些,中间也有停顿,但是她最终还是学会了。于是我趁热打铁:"刘一帆真勇敢,挑战成功!"刘一帆听了,笑着跑到队伍里向其他小朋友说:"你看,我也敢走了!"

幼儿的胆怯心理不是一两天形成的,要树立幼儿敢于挑战、敢于尝试的信心,需要我们成人不断地给予鼓励和暗示。为幼儿创设宽松和谐的心理环境,活动中只要孩子有了一点儿进步,哪怕进步不如期望的那么大,都要给予鼓励。只要我们不厌其烦地启发、帮助、鼓励,再大胆尝试,让幼儿感受到被认可、被关注,孩子就一定能增强自信心,克服恐惧心理。

玩沙乐

贾畅华

不起眼的小小沙粒，在成人眼里不过是建筑用的材料而已，但在小班孩子眼中，却是变化无穷的玩具，能带给孩子意想不到的惊喜和无穷的乐趣。沙子的独特之处在于，它能充分调动每一个孩子的想象力，让他们尽情地发挥自己的创造性，而这是其他任何成型玩具所不可比拟的。在玩沙的同时，培养了孩子们合作、探索的精神，同时锻炼了身体，开发了智力。

活动前我们一起搜集了各种工具：大小不一的杯子、瓶子、工程车模型、小桶和小铲子等等。中午我们大家还给沙子浇了少量水，并特意留了一处干沙区。游戏开始了，孩子们迫不及待地“飞”进了沙池。

场景一：我先领孩子们在干沙堆上玩儿，“老师，我怎么做不成墙呀，它总往下跑。”我故意没吱声，又玩了一会儿，还是没有“成果”，我说：“看看这里的沙子是干的还是湿的？”“干的。”“那我们到湿的沙子那里试试看吧。”

场景二：我和几个孩子先把湿的沙子装进一个梯形大桶里压实，然后倒扣过来拍一拍，再慢慢地把桶提起来把沙子倒扣出来。哇，太像长城的烽火台了。孩子们高兴地直拍手，瑶瑶伸出小手指轻轻地抚摸着，琦琦说：“别动，会弄坏的。”冰冰也说：“对，不能碰。”“老师，我也要做一个。”“好啊！”我和孩子们一起装沙，压实、扣模。扣模的时候我特意将两个沙模挨着放，然后召集孩子们来猜：像什么？孩子们都说：像长城，太漂亮了……就这样，我们用这个大桶一个接一个地做烽火台。烽火台中间用小桶以同样的方法做城墙，很快，大家就“建造”成了雄伟的“长城”。

场景三：壮壮用铲子将沙子铲到扬扬的小水桶里，两人一起将小

了。”“我也四岁。”四根蜡烛插好了，孩子们不由自主地合上双手许愿、唱着生日快乐歌，开起了有意义的生日PARTY。

我们一起用沙子做馒头、在沙地里挖洞、堆高山、筑铁路；再加上积木和多彩的插塑，沙池里就出现了一处美丽的公园。

水桶里的沙子倒到旁边的沙堆上，然后很开心地大笑；那边，薛越、任彬齐、秦楚一起用耙子、铲子、塑料碗将沙子往中间堆，不一会儿，一座又一座“山峰”就成形了。

场景四：姜淮小朋友吆喝着：“谁买面包，我这有很多面包。”原来他和新伟开起了面包房。于是我就跑过来引导孩子们一起在面包上画起图案来。卢嘉群、冰冰、赵瑞佳也来帮忙，“我画了一朵花。”“我做的是核桃饼干。”“我这个是巧克力”……大家说着、笑着、画着、欣赏着。

场景五：明月在塑料桶里装满沙子，几个小朋友一起把它扣了出来，大家惊异于这个圆柱状的大家伙。我问：“这个像什么呢？”“老师，我看这个像蛋糕。”“如果说它是蛋糕，那么还缺什么呀？”“缺蜡烛。”壮壮找来一根树枝：“老师，给你。”我把树枝折成四段，轻轻地插在“蛋糕”上问：“你们几岁？应该插几根蜡烛呀？”“我四岁

公园里有花草树木，有拱门，有凉亭，还有攀登架、转椅和滑梯……天岭还创造性地造出了立交桥。孩子们一直积极主动地参与着，直到活动结束还恋恋不舍地不肯回去，大家约定明天再来玩。

活动反思：玩沙子是孩子们百玩不厌的游戏。一次有准备、有意义、有创造的玩沙活动，使我充分意识到兴趣、创造、合作的重要性。看到孩子们在自然、愉快的游戏活动中学会观察、学会探索、学会合作与分享，在可塑性极强的沙子上充分发挥着无限的创造力，我感到非常欣慰，也充分体会到了为幼儿创设适宜的游戏环境的重要意义。

“只有在创造中才能得到真正的乐趣”。孩子们喜欢玩沙，沙子可塑性很强，没有固定的形态，不受任何约束和限制，在这里他们可以尽情地进行创造活动，这也许就是玩沙活动的魅力所在吧！

谁先醒来了

任玉娟

春姑娘迈着轻盈的步伐来到了我们的身边，幼儿园院子里的植物们都悄悄地发生了变化。为什么不抓住季节变化的有利时机，让孩子们来认真观察、发现春天的变化呢？春大来临，哪些树木先被春天唤醒了呢？为此我的心里萌生了组织班级幼儿进行有针对性的观察活动的想法。

一、孩子们的发现

一天，午饭后散步时我“无意”带着孩子们绕着各种树木慢行，边走边和孩子们一起念树上挂着的树名牌。走了几棵树后，我故意说：“唉！我们看了很多树了，谁还记得它们的名字？”大家七嘴八舌地说着，不一而是。“还有些什么呢？”我追问。

“老师，我去看看。”天佑跑过去认真看起来。不一会儿跑回来说：“老师，我看了，还有龙爪槐和柳树。”

“呀！我们幼儿园里有这么多的树，你们发现了吗？这些树现在有什么不一样的地方呢？”我继续追问。

“老师，柳树发芽了。”孙睿琪抢先说道。

“哦！那为什么柳树发芽了呢？”我疑惑地问道。

“老师，这你都不知道啊，那是因为春天来了，春姑娘的魔法让柳树泛青了。”段茗杭自信地回答。

“孩子们，你们愿不愿意成为春天里的小侦查员，来观察这些树每天有什么变化？”我兴奋地问道。

“我愿意。”“我要当最棒的侦查员。”“我也想参加。”孩子们争先恐后地回答。

“可是，我们怎么样才能把它们的变化表现出来呢？”我疑惑地问道。

“老师，我们画下来吧！”邢雨嘉回答。

“老师我觉得画这个办法不好，这山桃的花开的也太多了，画不过来怎么办？”尹涵反驳道。

“是啊，老师你看连翘的黄色小花也特别多，我觉得画不是一个好办法。”董琨附和着说。

“老师，咱们可以用照相机记录啊，那样咱们就不用一朵一朵地画了。”牛浩群回答。

"对啊，对啊，用照相机照下来，然后把照片洗出来问题就解决了。"孩子们七嘴八舌地说道。

"那我们把洗出来的照片贴在哪啊？"赵圣卓疑惑地问。

"我们可以放在一张大纸上，就像我们区域计划表一样啊。"牛浩群回答。

"太棒了，那我们开始吧。"

孩子们开始用相机记录下此时的树木图片，我们还一起设计了谁叫醒了春天的记录表。把观察后的图片贴在记录表上后，孩子们发现桃花是最先开花的，然后是连翘，院子里的树慢慢地都泛青了。

二、同一树种不同位置的比较

观察记录第三次时，孩子们再粘贴照片的时候发现了问题，"老师，你来看这几颗桃树开花怎么有的多有的少呢？"赵圣卓疑惑地问道。

"真的是这样。给它们浇水、松土都是一样的，为什么开花的多少不一样呢？我们留着这样问题，明天继续观察吧！看看谁能解开这个问题的答案。"我说道。

第二天离园前，我们开始讨论同样的桃树为什么开花的状态不一样？

"老师，我观察了，院子里面的那三棵桃树下午会被前面的楼房挡住阳光，而楼门口的桃树一整天都有阳光照着，所以楼口的那棵桃树花开的比较好。"李天佑回答。

"哦！原来光照时间不同，开花的状态也不同，所以日照时间长的桃树会比日照时间短的桃树花开的茂盛，花也多。"我总结道。

三、同一位置不同树种的变化

一天，午后散步，我们继续观察树木的各种细微变化。"老师，为什么玉兰树还不开花呢？你不是说这棵桃树的位置日照时间长吗？那玉兰花也在这边，为什么还不开花呢？"李天佑问道。

"嗯！这个侦查员观察的真仔细，咱们幼儿园有两种玉兰花，一种是白玉兰，一种是紫玉兰，它们都是先开花后长叶，大多生长在南方。玉兰花开放需要较高的温度，因为我们生活在北方，现在的气温还不足以使玉兰花开放。这个位置阳光充足，那就让我们耐心地等待吧！"我解释道。

同一位置上的不同树种，即使在阳光、水、土壤等外在条件都一样的情况下，表现出

的状态也是不一样的，还要看它内在条件是否成熟，就像玉兰花一样等待适宜的温度，伺机开放。

四、同一树种不同时间的变化

春雨贵如油，一场春雨过后，春意更浓，院子里的树木也都有了新的姿态。晨间接待的时候，魏子坤急忙跑到我面前说："老师，山桃变样了，你发现了吗？"

"是吗，有什么新变化？"我追问。

"花变少了，长叶子了。"梁旭急忙回答。

"哦！这都被你发现了。知道为什么吗？"我问道。

"不知道，老师你知道吗？"梁旭追问。

"因为它们的花芽生长所需要的气温比叶芽生长所需要的气温低，早春的温度已能满足它们的生长需要，于是花芽逐渐膨大开放。但这时的气温对叶芽来说，还不能满足其生长需要，所以仍然等待着，等气温逐渐升高能满足它生长需要时，叶子才开始长出来，于是就出现了先开花后长叶的现象。"我解释说。

"哦，明白了，就是和玉兰一样，温度不够呗！那是不是等温度够了的时候，桃树上就会结出山桃了？"李天佑接着问道。

"对，等到花落尽，温度升上来以后就会结出山桃了。所以树木也和我们一样，是不断成长的。"我说道。

五、玉兰开花了

院子里的花草树木在我们的关注下在悄悄地发生着变化。一天早晨，梁旭满脸惊喜地冲进教室嚷嚷着："任老师，玉兰开花了！""真的吗？"我怀疑地问。"真的，不信我带你去看看！"我们一起来到玉兰树前，果然，玉兰树的几个花苞羞涩地张开了。"玉兰树真的开花了！""玉兰的花瓣好大呀！""玉兰花真漂亮！""老师，我们快把它拍下来吧。"

孩子们通过自己的观察，了解了幼儿园里树的种类、名称以及树的不同特征，知道是桃花最先叫醒了春天。这种活动，不但巧妙地利用了园内各种树木资源，增加了活动的有效性，而且让孩子们在观察树木的时候，自然地萌生了"热爱大自然，保护树木"的情感；让孩子们明白了同一种树木，外在条件不同而表现出的状态也存在差别；让孩子们明白了不同树种成长所需要的条件也不同；让孩子们懂得植物的成长也是一个随季节的轮回而不断变化的过程。